ELIANA ALMEIDA e ANINHA ABREU

Vamos Trabalhar
CADERNO DE ATIVIDADES

LÍNGUA PORTUGUESA • MATEMÁTICA • HISTÓRIA • GEOGRAFIA • CIÊNCIAS

NOME

PROFESSOR

ESCOLA

1º ANO
ENSINO FUNDAMENTAL

Editora do Brasil

Dados Internacionais de Catalogação na Publicação (CIP)
(Câmara Brasileira do Livro, SP, Brasil)

Almeida, Eliana
  Vamos trabalhar : caderno de atividades, 1º ano : língua portuguesa, matemática, história, geografia, ciências / Eliana Almeida e Aninha Abreu. -- São Paulo : Editora do Brasil, 2015.

  Bibliografia.
  ISBN 978-85-10-06056-1 (aluno)
  ISBN 978-85-10-06057-8 (professor)

  1. Ciências (Ensino fundamental) 2. Geografia (Ensino fundamental) 3. História (Ensino fundamental) 4. Língua portuguesa (Ensino fundamental) 5. Matemática (Ensino fundamental) I. Abreu, Aninha. II. Título.

15-06317   CDD-372.19

Índices para catálogo sistemático:
1. Ensino integrado : Livros-texto : Ensino fundamental 372.19

© Editora do Brasil S.A., 2015
Todos os direitos reservados

Direção-geral: Vicente Tortamano Avanso

Direção editorial: Cibele Mendes Curto Santos
Gerência editorial: Felipe Ramos Poletti
Supervisão editorial: Erika Caldin
Supervisão de arte, editoração e produção digital: Adelaide Carolina Cerutti
Supervisão de direitos autorais: Marilisa Bertolone Mendes
Supervisão de controle de processos editoriais: Marta Dias Portero
Supervisão de revisão: Dora Helena Feres
Consultoria de iconografia: Tempo Composto Col. de Dados Ltda.

Coordenação de edição: Carla Felix Lopes
Assistência editorial: Juliana Pavoni e Monika Kratzer
Auxílio editorial: Natália Santos
Coordenação de revisão: Otacilio Palareti
Copidesque: Ricardo Liberal
Revisão: Maria Alice Gonçalves, Alexandra Resende, Elaine Fares e Ana Carla Ximenes
Coordenação de iconografia: Léo Burgos
Pesquisa iconográfica: Karina Tengan
Coordenação de arte: Maria Aparecida Alves
Assistência de arte: Samira de Souza
Design gráfico: Samira de Souza
Capa: Andrea Melo
Imagem de capa: André Aguiar
Ilustrações: Alberto di Stefano, Alexandre Matos, André Aguiar, Bruna Ishihara, Camila de Godoy, DAE (Departamento de Arte e Editoração), Flip Estúdio, Marcos Guilherme, Paulo José, Roberto Weigand, Simone Ziasch e Waldomiro Neto
Coordenação de editoração eletrônica: Abdonildo José de Lima Santos
Editoração eletrônica: Adriana Albano e Sérgio Rocha
Licenciamentos de textos: Cinthya Utiyama, Paula Harue Tozaki e Renata Garbellini
Coordenação de produção CPE: Leila P. Jungstedt
Controle de processos editoriais: Beatriz Villanueva, Bruna Alves, Carlos Nunes e Rafael Machado

O Pequeno Príncipe. Trademark Protected. LPP612Property. LUK Marcas de Valor (www.opequenoprincipe.com). "Le Petit Prince", "O Pequeno Príncipe", os personagens e as principais citações do livro são marcas de Succession de Antoine de Saint-Exupéry, representado no Brasil por LuK Marcas de Valor Ltda. Todos os direitos reservados.

Os poemas *O elefantinho* e *O ar (o vento)*, de autoria de Vinicius de Moraes, foram autorizados pela VM EMPREENDIMENTOS ARTÍSTICOS E CULTURAIS LTDA., além de: © VM e © CIA. DAS LETRAS (EDITORA SCHWARCZ).

1ª edição / 15ª impressão, 2024
Impresso na PifferPrint

Editora do Brasil

Avenida das Nações Unidas, 12901
Torre Oeste, 20º andar
São Paulo, SP – CEP: 04578-910
Fone: +55 11 3226-0211
www.editoradobrasil.com.br

abdr
Respeite o direito autoral

APRESENTAÇÃO

Querido aluno,
Este poema foi feito especialmente para você.

Aprender

É bom brincar, correr, pular e sonhar.
Agora chegou a hora de
ler, escrever e contar.
Com o livro *Vamos trabalhar*,
descobertas você fará.
E muito longe chegará.

Língua Portuguesa, Matemática,
História, Geografia e Ciências.
Tudo isso você estudará.
Contas, frases, poemas, histórias e textos.
Muitas coisas para falar, guardar e lembrar.

Um abraço e bom estudo!
As autoras

AS AUTORAS

Eliana Almeida

- Licenciada em Artes Práticas
- Psicopedagoga clínica e institucional
- Especialista em Fonoaudiologia (área de concentração em Linguagem)
- Pós-graduada em Metodologia do Ensino da Língua Portuguesa e Literatura Brasileira
- Psicanalista clínica e terapeuta holística
- Master practitioner em Programação Neurolinguística
- Aplicadora do Programa de Enriquecimento Instrumental do professor Reuven Feuerstein
- Educadora e consultora pedagógica na rede particular de ensino
- Autora de vários livros didáticos

A meus amados pais, Elionário e Maria José; minhas filhas, Juliana e Fabiana; meu filho, Fernando; meus netos, Raiana e Caio Antônio; e meus generosos irmãos, todo o meu amor.

Eliana

Aninha Abreu

- Licenciada em Pedagogia
- Psicopedagoga clínica e institucional
- Especialista em Educação Infantil e Educação Especial
- Gestora de instituições educacionais do Ensino Fundamental e do Ensino Médio
- Educadora e consultora pedagógica na rede particular de ensino
- Autora de vários livros didáticos

Agradeço a Deus e a toda minha família pelo apoio, carinho e compreensão!

Aninha

"O essencial é invisível aos olhos."
(Antoine de Saint-Exupéry)

SUMÁRIO

Língua Portuguesa

- Atividades iniciais 7
- Trabalhando as vogais 11
- Avião 11
- Ilha 13
- Elefante 15
- Urso 17
- Óculos 19
  - Revisando as vogais 21
- Trabalhando as letras P, M, V, N e D 23
- Pato 25
- Mala 27
  - Revisando as letras P e M 29
- Vaca 31
- Nenê 33
- Dado 35
  - Revisando as letras V, N e D 37
  - Revisando tudo o que foi estudado 39
- Trabalhando as letras R, S, B, T e L 41
- Rato 43
- Sapo 45
- Bola 47
- Tatu 49
- Lupa 51
  - Revisando tudo o que foi estudado 53
- Trabalhando as letras C, G, J, F, Z e X 55
- Casa 57
- Gato 59
- Jacaré 61
- Revisando as letras C, G e J 63
- Foca 65
- Zebra 67
  - Revisando a letra Z 69
- Xícara 71
  - Revisando tudo o que foi estudado 73
- Trabalhando as letras H e Q 75
- Hipopótamo 77
- Queijo 79
- Trabalhando as letras K, W e Y 81
  - Revisando tudo o que foi estudado 83
- Alfabeto 85
  - Revisando tudo o que foi estudado 87
- Trabalhando as sílabas complexas 89
- GE, GI 91
- ARA 93
  - Revisando a letra R entre vogais 95
- RR 97
  - Revisando o RR entre vogais 99
- NH 101
  - Revisando o NH 103
  - Revisando tudo o que foi estudado 105
- AN, EN, IN, ON, UN 107
- AM, EM, IM, OM, UM 109
  - Revisando tudo o que foi estudado 111
- QU 113
- LH 115
  - Revisando tudo o que foi estudado 117

ASA 119
    Revisando tudo o que foi estudado 121
SS 123
AL, EL, IL, OL, UL 125
    Revisando tudo o que foi estudado 127
Ç 129
Ã, ÃS, ÃO, ÃOS, ÕES 131
GUE, GUI 133
    Revisando tudo o que foi estudado 135
CH 137
AR, ER, IR, OR, UR 139
AS, ES, IS, OS, US 141
    Revisando tudo o que foi estudado 143
AZ, EZ, IZ, OZ, UZ 145
    Revisando tudo o que foi estudado 147
BR, CR, DR, FR, GR, PR, TR, VR 149
BL, CL, FL, GL, PL, TL 151
    Revisando tudo o que foi estudado 153

Matemática

Números até 10 155
Dezena e meia dezena 177
Sinais de = e ≠ 178
Conjunto vazio e conjunto unitário 179
Sinal de U (união) 180
Sistema decimal 181
Sequência até 30 182
O sinal de mais (+) 183
Sequência até 40 184
Problemas de adição 185
Número por extenso até 5 186
Dúzia e meia dúzia 187
Problemas de adição 189
Sequência até 50 190
Problemas de adição 191
Sequência até 60 192
Números ordinais 193
Sequência até 70 194
Números romanos 195
Sequência até 80 196
Subtração 197
Contando de 2 em 2 199
Contando de 5 em 5 200
Números por extenso até 10 201
Sequência até 90 202
Problemas de subtração 203
Sequência até 100 204

Dias da semana 205
Problemas de subtração 206
Medida de comprimento 207
Sequência até 110 208
Medida de massa 209
Sequência até 150 210
Medida de capacidade 211
Dinheiro 212

História

Quem sou eu 213
Documentos 215
Outros documentos 216
Família 217
Parentes 218
Escola 219
Escolas de antigamente 221
As pessoas que trabalham na escola 222

Geografia

Observando e cuidando do ambiente 223
Moradias 225
    As moradias são divididas em cômodos .. 227
Ruas 228
Bairro 229
Meios de transporte 231
Meios de comunicação 233
Trabalho 235

Ciências

Nosso planeta 237
A natureza 238
Seres vivos e elementos não vivos 239
Água 241
Ar 243
As plantas 245
Partes das plantas 246
Os animais 247
Animais de estimação 248
Nosso corpo 249
Higiene 251
Alimentação saudável 253
Os sentidos 255

NOME: _____ DATA: _____

Atividades iniciais

Atividades

1. Observe a imagem.

Tarsila do Amaral. *Autorretrato*, 1921. Óleo sobre tela, 50 × 41,5 cm.

Essa obra de arte é um **autorretrato** da pintora brasileira Tarsila do Amaral.

Autorretrato é a representação de si próprio.

2 Faça como Tarsila do Amaral e desenhe um autorretrato. Não se esqueça de escrever seu nome.

Atividades

1 Cubra o tracejado para ajudar os animais a chegar ao alimento de que mais gostam.

a)

b)

c)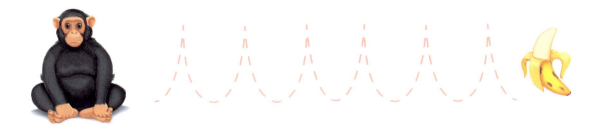

d)

e)

2 Ligue cada imagem a sua sombra.

a)

b)

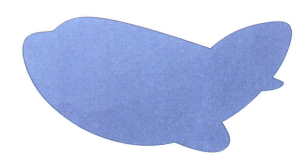

c)

d)

NOME: _____ DATA: _____

Trabalhando as vogais

Vamos ouvir

Pendê, pendê,
Pendê, balanceá!
Naquela casa alta
Mora a letra **A**.

Parlenda.

Atividades

1 Cubra o tracejado e continue a escrever as letras a e A.

2 Circule a letra **A** nas palavras a seguir.

AVIÃO   AMOR   XALE   MALA

3 Complete as palavras com a vogal a e leia-as.

a) __ r __ r __   b) c __ s __   c) __ vi __̃ __ o

Língua Portuguesa 11

4 Ligue a letra cursiva à letra de imprensa que lhe corresponde.

a) 𝒶 •   • A

b) 𝒜 •   • a

5 Observe as letras em destaque e escreva-as com letra cursiva.

a				

A				

6 Pesquise em jornais, revistas ou folhetos palavras com **a** e **A**. Recorte-as e cole-as a seguir.

a A

NOME: _____ DATA: _____

Vamos ouvir

Pendê, pendê,
Pendê, balanceí!
Naquela casa alta
Mora a letra **I**.
Parlenda.

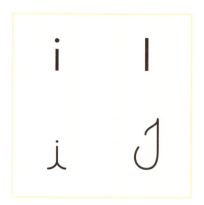

Atividades

1 Cubra o tracejado e continue a escrever as letras i e j.

2 Circule a letra **I** nas palavras a seguir.

IOIÔ   IVO   PAI   ILHA

3 Complete as palavras com a vogal i e leia-as.

a) ___greja   b) l___mão   c) p___ano

Língua Portuguesa 13

4 Ligue a letra cursiva à letra de imprensa que lhe corresponde.

a) 𝒾 •

b) 𝒥 •

c) 𝒶 •

• a

• i

• l

5 Observe as letras em destaque e escreva-as com letra cursiva.

i					

l					

6 Pesquise em jornais, revistas ou folhetos palavras com **i** e **l**. Recorte-as e cole-as a seguir.

 NOME: _____ DATA: _____

Vamos ouvir

Pendê, pendê,
Pendê, balanceê!
Naquela casa alta
Mora a letra **E**.

Parlenda.

e	E
ℓ	Ɛ

Atividades

1 Cubra o tracejado e continue a escrever as letras ℓ e Ɛ.

ℓ ℓ ℓ ℓ

Ɛ Ɛ Ɛ Ɛ

2 Circule a letra **E** nas palavras a seguir.

TELEFONE   MEL   ELEFANTE   REI

3 Complete as palavras com a vogal ℓ e leia-as.

a) camlo   b) scova   c) ma

Língua Portuguesa 15

4 Ligue a letra cursiva à letra de imprensa que lhe corresponde.

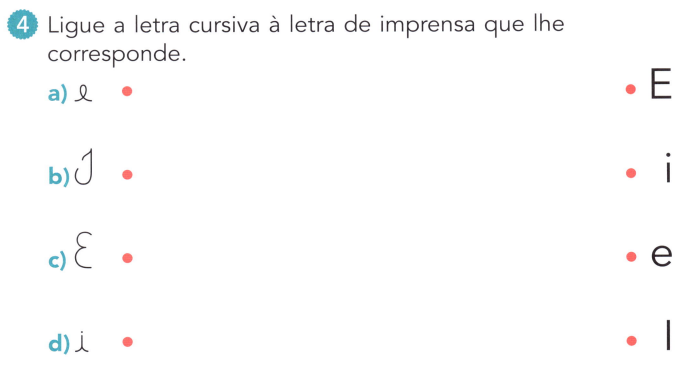

5 Observe as letras em destaque e escreva-as com letra cursiva.

6 Pesquise em jornais, revistas ou folhetos palavras com **e** e **E**. Recorte-as e cole-as a seguir.

NOME: _____ DATA: _____

Vamos ouvir

Pendê, pendê,
Pendê, balanceú!
Naquela casa alta
Mora a letra **U**.

              Parlenda.

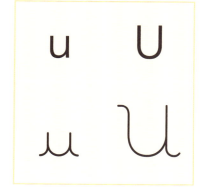

Atividades

1 Cubra o tracejado e continue a escrever as letras 𝓊 e 𝒰.

2 Circule a letra **U** nas palavras a seguir.

URUBU   MAU   UVA   PAULO

3 Complete as palavras com a vogal 𝓊 e leia-as.

a) ____vas   b) ____nha   c) l____a

Língua Portuguesa

4 Ligue a letra cursiva à letra de imprensa que lhe corresponde.

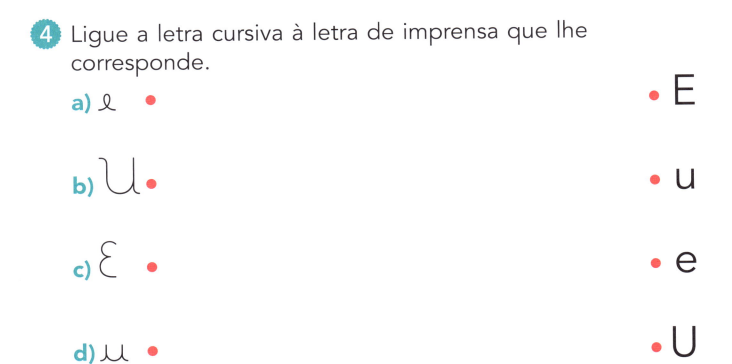

5 Observe as letras em destaque e escreva-as com letra cursiva.

6 Pesquise em jornais, revistas ou folhetos palavras com **u** e **U**. Recorte-as e cole-as a seguir.

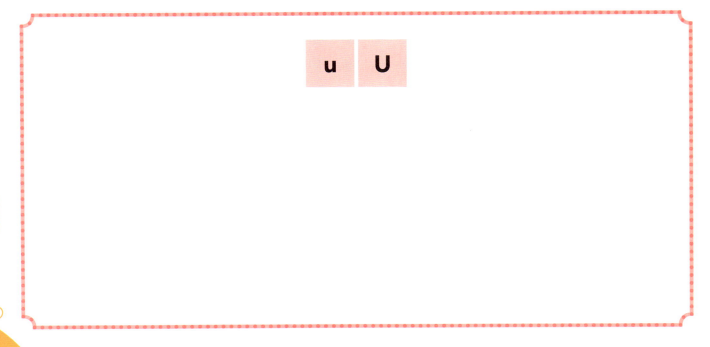

NOME: _____ DATA: _____

Vamos ouvir

Pendê, pendê,
Pendê, balanceó!
Naquela casa alta
Mora a letra O.

Parlenda.

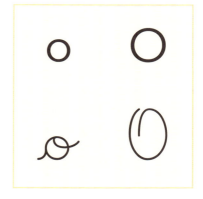

Atividades

1 Cubra o tracejado e continue a escrever as letras o e O.

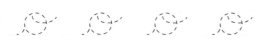

2 Circule a letra O nas palavras a seguir.

SOLO   OLHO   OVO   OTO

3 Complete as palavras com a vogal o e leia-as.

a) gat____   b) ____ca   c) b____la

4 Ligue a letra cursiva à letra de imprensa que lhe corresponde.

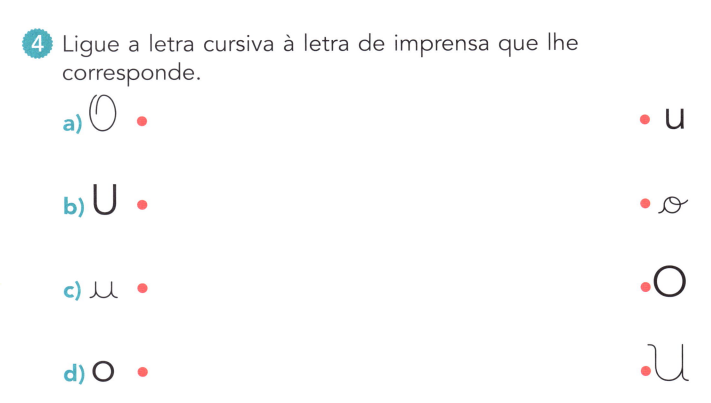

5 Observe as letras em destaque e escreva-as com letra cursiva.

6 Pesquise em jornais, revistas ou folhetos palavras com **o** e **O**. Recorte-as e cole-as a seguir.

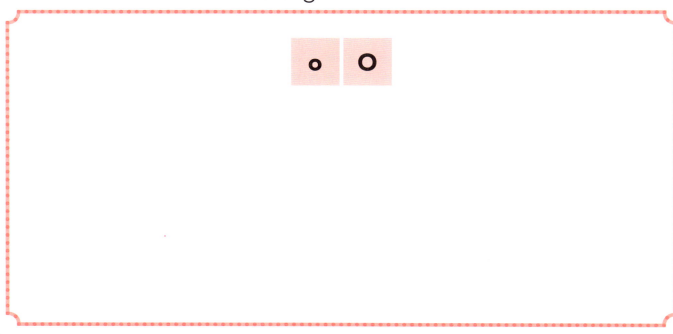

NOME: _____ DATA: _____

Revisando as vogais

Atividades

1 Em cada linha, circule as palavras que começam com o mesmo som do nome das imagens em destaque.

1	AVIÃO	PETECA	ANEL
2	GATO	ESTOJO	ESCOVA
3	ILHA	CARRO	IGREJA
4	OLHO	LÁPIS	ORELHA
5	BOLA	UNHA	URUBU

2 Ligue a letra de imprensa à letra cursiva que lhe corresponde.

a) U • • ε   f) a •   • i

b) E • • 𝒶   g) i •   • 𝒶

c) A • • 𝒰   h) o •   • u

d) I • • 𝒪   i) u • • ℓ

e) O • • ℐ   j) e •   • 𝒪

Língua Portuguesa

3 Observe as cenas e leia os balões de fala. Depois, cubra o tracejado das palavras.

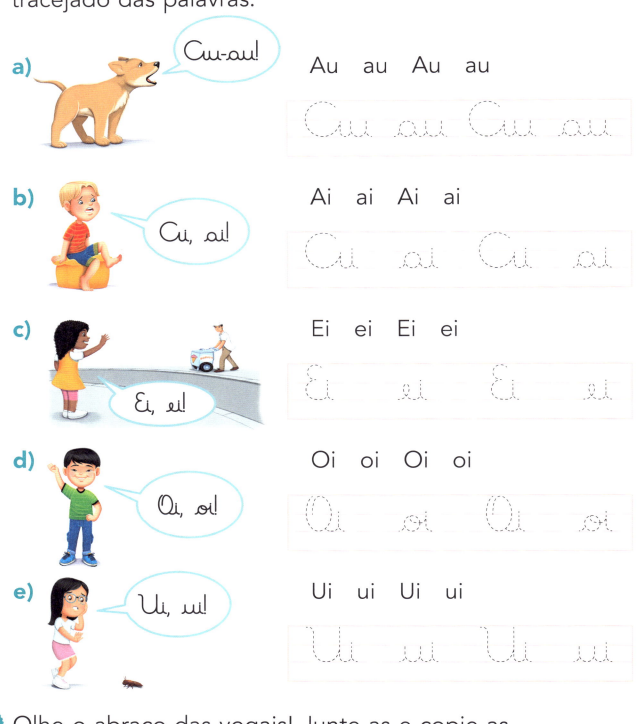

a) Au   au   Au   au

b) Ai   ai   Ai   ai

c) Ei   ei   Ei   ei

d) Oi   oi   Oi   oi

e) Ui   ui   Ui   ui

4 Olhe o abraço das vogais! Junte-as e copie-as.

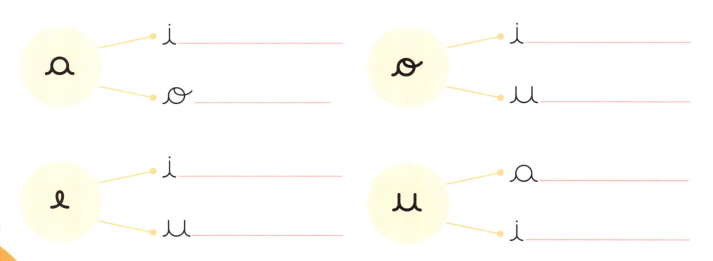

Trabalhando as letras P, M, V, N e D

Atividades

1 Observe as letras e cubra o tracejado.

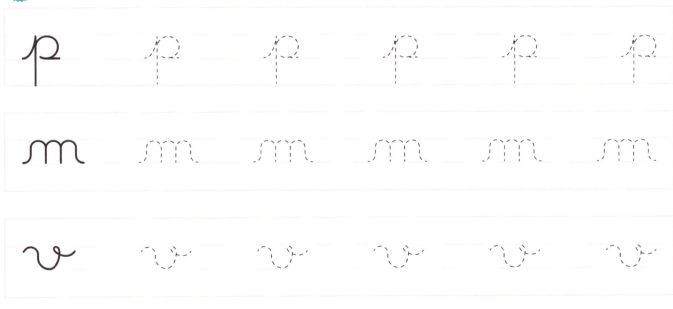

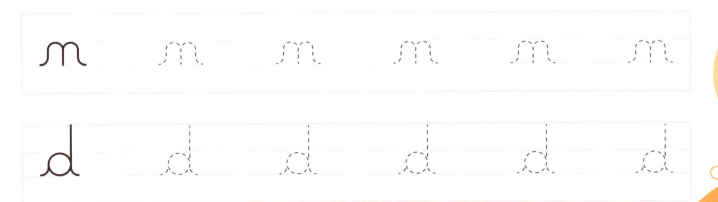

Língua Portuguesa

2 Observe as letras em destaque na tabela a seguir. Circule cada uma delas nas palavras que aparecem na mesma linha.

P	APITO	PIA	PAU
M	MAMÃO	MATO	LAMA
V	UVA	VELA	VOVÓ
N	ANÃO	NAVE	NOME
D	ADÃO	DADO	DIA

3 Pesquise em jornais, revistas ou folhetos palavras com as letras **p**, **m**, **v**, **n** e **d**. Recorte-as e cole-as a seguir.

p m v n d

NOME: _____ DATA: _____

Atividades

1 Cubra o tracejado e escreva com letra cursiva a família da letra **P**.

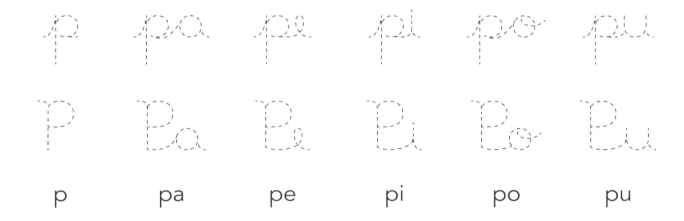

| p | pa | pe | pi | po | pu |

_____

| P | Pa | Pe | Pi | Po | Pu |

_____

2 Observe as imagens e complete as palavras com *pa*, *pe*, *pi*, *po* ou *pu*.

a)  ma

b)  pa

c)  ão

Língua Portuguesa 25

3 Junte as letras para formar palavras.

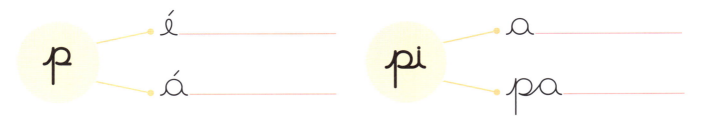

4 Leia as palavras em letra cursiva e ligue cada uma à palavra que lhe corresponde.

a) papai •   • pia

b) pé •   • papo

c) pia •   • papai

d) papo •   • pé

5 Leia atentamente cada palavra a seguir.

6 Observe as imagens e ligue-as à palavra correta.

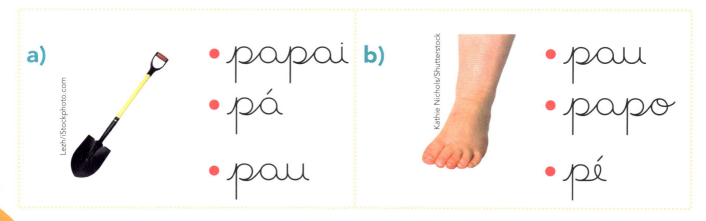

Língua Portuguesa

NOME: _____ DATA: _____

Atividades

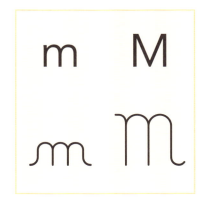

m   M
m   M

1 Cubra o tracejado e escreva com letra cursiva a família da letra **M**.

m   ma   me   mi   mo   mu

M   Ma   Me   Mi   Mo   Mu

m   ma   me   mi   mo   mu

_____

M   Ma   Me   Mi   Mo   Mu

_____

2 Observe as imagens e complete as palavras com ma, me, mi, mo ou mu.

a) ____pa   b) ____ia   c) e____

Língua Portuguesa 27

3 Junte as letras para formar palavras.

ma · ma _____   mi · a _____
   · pa _____   · mo _____

4 Escreva as palavras a seguir com letra cursiva. Depois, observe a imagem e ligue-a à palavra que lhe corresponde.

a) mia _____

b) meia _____

c) mamão _____

d) mamãe _____

e) mima _____

f) mau _____

g) mapa _____

h) ema _____

i) miau _____

5 Separe as sílabas das palavras a seguir.

a) mimo ☐ ☐

b) puma ☐ ☐

c) mamão ☐ ☐

28 Língua Portuguesa

Revisando as letras P e M

Atividades

1 Escreva o nome das imagens a seguir.

a)

c)

b)

d)

2 Leia as palavras em letra cursiva e ligue cada uma à palavra que lhe corresponde.

a) mapa • • papai

b) puma • • mimo

c) ama • • mapa

d) mimo • • puma

e) papai • • ama

Língua Portuguesa

3 Leia as palavras, conte o número de letras e sílabas e preencha a tabela. Veja o exemplo.

Palavra	Letras	Sílabas
MALA	4	2
PIA		
PÁ		
MEIA		
MOLA		
PUMA		
PÉ		

NOME: _____ DATA: _____

Atividades

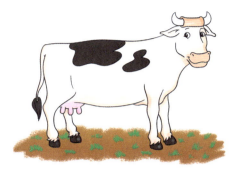
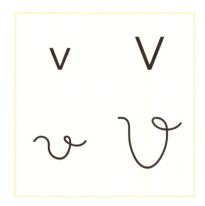

1 Cubra o tracejado e escreva com letra cursiva a família da letra **V**.

v	va	ve	vi	vo	vu
V	Va	Ve	Vi	Vo	Vu

2 Observe as imagens, complete as palavras com a letra v e escreva-as.

a) __v__ela   b) __v__aso   c) __v__iolão

Língua Portuguesa 31

3 Junte as letras para formar palavras.

4 Observe as imagens e complete o diagrama com as sílabas **VA**, **VE**, **VI**, **VO** ou **VU**.

5 Observe as imagens e ligue-as à palavra correta.

Atividades

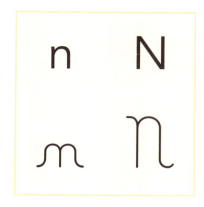

1 Cubra o tracejado e escreva com letra cursiva a família da letra **N**.

n   na   ne   ni   no   nu

N   Na   Ne   Ni   No   Nu

2 Observe as imagens, complete as palavras com a letra *n* e escreva-as.

a) pia___o   b) ___ovelo   c) bo___eca

Língua Portuguesa

3 Junte as letras para formar palavras.

4 Leia as palavras e escreva-as com letra cursiva. Depois, conte o número de letras e sílabas e preencha a tabela.

Palavra	Cursiva	Letras	Sílabas
nova			
nome			
nove			
pano			
Nina			
nó			

5 Leia atentamente cada palavra a seguir.

nova   pena   nome   nave

Nina   pano   nove   nenê

NOME: _____ DATA: _____

Atividades

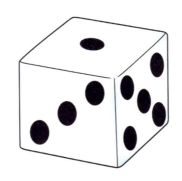

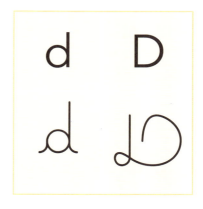

1 Cubra o tracejado e escreva com letra cursiva a família da letra **D**.

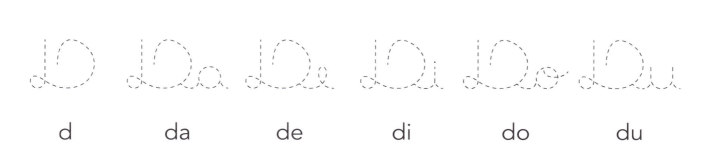

| d | da | de | di | do | du |

_____

| D | Da | De | Di | Do | Du |

_____

2 Observe a imagem, leia o nome dela e escreva-o com letra cursiva.

a) dedo

b) moeda

Língua Portuguesa

3 Leia as palavras e escreva-as com letra cursiva. Depois, conte o número de letras e sílabas e preencha a tabela.

Palavra	Cursiva	Letras	Sílabas
dado			
dia			
dedo			
vida			
moda			
nada			
dama			

4 Pinte com a mesma cor os retângulos que apresentam palavras iguais.

dado	dedo	dia
Diva	menina	dedo
dia	Diva	moda
moda	menina	dado

Língua Portuguesa

NOME: _____ DATA: _____

Revisando as letras V, N e D

Vamos ouvir

Era uma vez um dedo tão pequenininho que se chamava Mínimo.

Ele tinha quatro irmãozinhos, que se chamavam: Anular, Médio, Indicador e Polegar. [...]

Ziraldo. *Os dez amigos*. 2. ed. São Paulo: Melhoramentos, 2005. p. 3 e 4.

Atividades

1 Circule no texto todas as letras **n** e **d**.

2 Reescreva a frase dando nome à imagem.

Mamãe viu a ✒ da ave.

---

3 Observe as imagens e escreva o nome delas.

a) _____ b) _____ c) _____

Língua Portuguesa

4) Leia atentamente cada palavra a seguir.

dado   dia   dedo   dama
vida   moda   diva   medo
nave   nenê   vovó   mudo

5) Observe a imagem e ligue-a à palavra correta.

dado   uvas   pipa

NOME: _____ DATA: _____

Revisando tudo o que foi estudado

Vamos ouvir

Um, dois, feijão com arroz.
Três, quatro, feijão no prato.
Cinco, seis, bolo inglês.
Sete, oito, comer biscoito.
Nove, dez, comer pastéis.

Parlenda.

Atividades

1 Circule no texto todas as palavras escritas com as letras **p**, **m**, **v**, **n** e **d**.

2 Encontre no diagrama as palavras a seguir.

NOME   DAVI   PIANO   MENINO   VIDA

N	O	M	E	T	T	D	A	V	I
K	V	D	E	M	U	L	Q	B	I
P	I	A	N	O	I	Y	A	J	A
J	T	V	D	M	E	N	I	N	O
C	B	I	S	R	W	L	O	P	B
C	M	I	V	I	D	A	L	E	N

Língua Portuguesa 39

3 Leia o texto a seguir.

A pipa de Davi
A pipa de Davi é nova.
Davi deu um nome à pipa.
O nome é Vida.
Nina viu a pipa de Davi.
A pipa é de pano e voa.

4 Complete as frases de acordo com o texto.

A _____ de Davi é _____.

Davi deu um _____ à _____.

O _____ é _____.

Nina _____ a pipa de Davi.

A pipa é de _____ e _____.

5 Ditado de palavras.

a) _____   f) _____

b) _____   g) _____

c) _____   h) _____

d) _____   i) _____

e) _____   j) _____

Língua Portuguesa

NOME: _____ DATA: _____

Trabalhando as letras R, S, B, T e L

Atividades

1 Observe as letras e cubra o tracejado.

r r r r r r r

s s s s s s s

b b b b b b b

t t t t t t t

l l l l l l l

Língua Portuguesa

2 Observe as letras em destaque na tabela a seguir. Circule cada uma delas nas palavras que aparecem na mesma linha.

R	RAIO	RUA	REI
S	SAPO	SAIA	SOPA
B	BOI	BAÚ	BONÉ
T	BOTÃO	TIÃO	TAPETE
L	BALÃO	LUVA	LUA

3 Pesquise em jornais, revistas ou folhetos palavras com as letras **r**, **s**, **b**, **t** e **l**. Recorte-as e cole-as a seguir.

r s b t l

NOME: _____ DATA: _____

Atividades

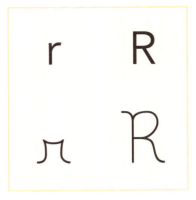

1 Cubra o tracejado e escreva com letra cursiva a família da letra **R**.

| r | ra | re | ri | ro | ru |

| R | Ra | Re | Ri | Ro | Ru |

2 Observe as imagens e complete as palavras com *ra*, *re*, *ri*, *ro* ou *ru*.

a) ____i

b) ____da

c) ____de

Língua Portuguesa 43

3 Junte as letras para formar palavras.

4 Separate as sílabas das palavras a seguir.

a) rua

b) rodo

c) remo

d) roda

e) roupa

f) robô

g) rede

h) ripa

Vamos cantar

Fui no Itororó
Fui no Itororó
Beber água, não achei.
Achei bela morena
Que no Itororó deixei.

Aproveita minha gente
Que uma noite não é nada.
Se não dormir agora,
Dormirá de madrugada.

Oh! Dona Maria!
Oh! Mariazinha!
Entrarás na roda
Ou ficarás sozinha.

Sozinha eu não fico,
Nem hei de ficar
Porque eu tenho Paulinho
Para ser meu par.

Cantiga.

5 Circule na cantiga todas as palavras escritas com a letra **r**.

NOME: _____ DATA: _____

Atividades

s	S
ʃ	₷

1 Cubra o tracejado e escreva com letra cursiva a família da letra **S**.

| s | sa | se | si | so | su |

_____

| S | Sa | Se | Si | So | Su |

_____

2 Observe a imagem e ligue-a à palavra correta.

- sono
- sino
- selo
- sapo

Língua Portuguesa 45

3 Junte as letras para formar palavras.

4 Ligue cada palavra ao número de letras que ela apresenta.

a) SOMA •

b) SÓ •

c) SUELI •

d) SOPA •

e) SUA •

f) SAÚVA •

g) SUJO •

2

3

4

5

5 Reescreva as frases dando nome às imagens.

a) A  é de Sávio.

b) A (saia) é da mamãe.

NOME: _____ DATA: _____

Atividades

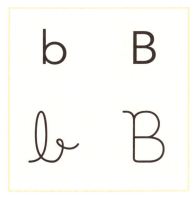

b B
b B

1 Cubra o tracejado e escreva com letra cursiva a família da letra **B**.

b   ba   be   bi   bo   bu

B   Ba   Be   Bi   Bo   Bu

b   ba   be   bi   bo   bu

_____

B   Ba   Be   Bi   Bo   Bu

_____

2 Observe as imagens e complete as palavras com ba, be, bi, bo ou bu.

a)  ta

b)  la

c) ____zina

Língua Portuguesa 47

3 Junte as sílabas para formar palavras.

bo — ta
bo — ca
bo — né

sa — po
sa — la
sa — biá

4 Complete as frases a seguir com as palavras que estão nos quadros.

| Raiana | boi | bonito |

a) _____ viu o boi.

b) O boi é _____.

c) O _____ é da vovó Bia.

5 Separe as sílabas das palavras a seguir.

a) batata ☐ ☐ ☐

b) bonita ☐ ☐ ☐

c) batida ☐ ☐ ☐

d) rato ☐ ☐

e) sapato ☐ ☐ ☐

NOME: _____ DATA: _____

Atividades

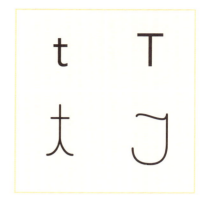

1 Cubra o tracejado e escreva com letra cursiva a família da letra **T**.

| t | ta | te | ti | to | tu |

| T | Ta | Te | Ti | To | Tu |

2 Observe as imagens e complete as palavras com *ta, te, ti, to* ou *tu*.

a)  b)  c)

Língua Portuguesa 49

3 Junte as letras para formar palavras.

ta — tu
ta — pa

to — mate
to — mada

4 Complete as frases a seguir com as palavras que estão nos quadros.

| tomate | sopa | tapete | Tati | mato | tatu |

a) Tati toma _____ de _____.

b) O _____ é de _____.

c) O _____ vive no _____.

5 Separe as sílabas das palavras a seguir.

a) sapato ☐ ☐ ☐

b) seta ☐ ☐

c) tomate ☐ ☐ ☐

d) rodada ☐ ☐ ☐

e) telefone ☐ ☐ ☐ ☐

50 Língua Portuguesa

NOME: _____ DATA: _____

Atividades

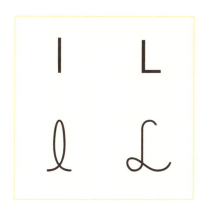

1 Cubra o tracejado e escreva com letra cursiva a família da letra **L**.

l   la   le   li   lo   lu

L   La   Le   Li   Lo   Lu

l   la   le   li   lo   lu

_____

L   La   Le   Li   Lo   Lu

_____

2 Observe as imagens e complete as palavras com *la, le, li, lo* ou *lu*.

a)  ta

b) se

c) _____ que

Língua Portuguesa 51

3 Junte as letras para formar as palavras.

la — va _____ / ma _____ / ta _____

lu — a _____ / va _____ / ta _____

4 Leia as palavras e ligue cada uma à palavra que lhe corresponde.

a) Raiana •   • tapete

b) tapete •   • Leila

c) leite •   • salada

d) salada •   • Raiana

e) Leila •   • leite

5 Reescreva as frases dando nome às imagens.

a) Lila bebeu o  .

b) A 🟢 é de Paulo.

c) Lulu lavou a 🧤 .

Língua Portuguesa

NOME: _____ DATA: _____

Revisando tudo o que foi estudado

Vamos cantar

Sabiá

Sabiá lá na gaiola
Fez um buraquinho
Voou, voou, voou, voou
E a menina que gostava
Tanto do bichinho
Chorou, chorou, chorou, chorou

Sabiá fugiu pro terreiro
Foi cantar lá no abacateiro
E a menina pôs-se a chamar
Vem cá, sabiá, vem cá.

_{Theodora Maria Mendes de Almeida (Coord.).}
Quem canta seus males espanta.
São Paulo: Caramelo, 1998. p. 59.

Atividades

1) Circule no texto todas as palavras escritas com as letras **r**, **s**, **b**, **t** e **l**. Use lápis de cor **azul**.

2) Forme uma frase com cada palavra a seguir.

a) sabiá _____

b) leite _____

c) bota _____

Língua Portuguesa 53

3 Junte as letras indicadas no quadro e forme sílabas. Veja os exemplos.

	A	E	I	O	U
R		RE			
S				SO	
B	BA				
T					TU
L			LI		

4 Observe as imagens e complete o diagrama de palavras.

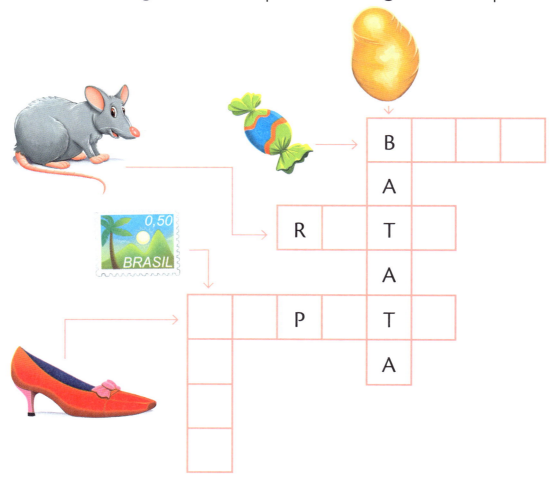

NOME: _____ DATA: _____

Trabalhando as letras C, G, J, F, Z e X

Atividades

1 Observe as letras e cubra o tracejado.

c　c　c　c　c　c

g　g　g　g　g　g

j　j　j　j　j　j

f　f　f　f　f　f

z　z　z　z　z　z

x　x　x　x　x　x

Língua Portuguesa 55

2 Observe as letras em destaque na tabela a seguir. Circule cada uma delas nas palavras que aparecem na mesma linha.

C	MACACO	COCADA	CAMA
G	GALO	BIGODE	FOGO
J	JANELA	BEIJO	JIBOIA
F	FOFOCA	FIVELA	BIFE
Z	AZEITE	AZULÃO	ZEBRA
X	XALE	LIXA	PEIXE

3 Pesquise em jornais, revistas ou folhetos palavras com as letras **c**, **g**, **j**, **f**, **z** e **x**. Recorte-as e cole-as a seguir.

c g j f z x

NOME: _____ DATA: _____

Atividades

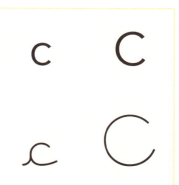

1 Cubra o tracejado e escreva com letra cursiva a família da letra **C**.

c	ca	co	cu
C	Ca	Co	Cu

2 Observe as imagens e complete as palavras com ca, co ou cu.

a) _____ ju

b) _____ eca

c) _____ po

Língua Portuguesa 57

3 Junte as letras para formar palavras.

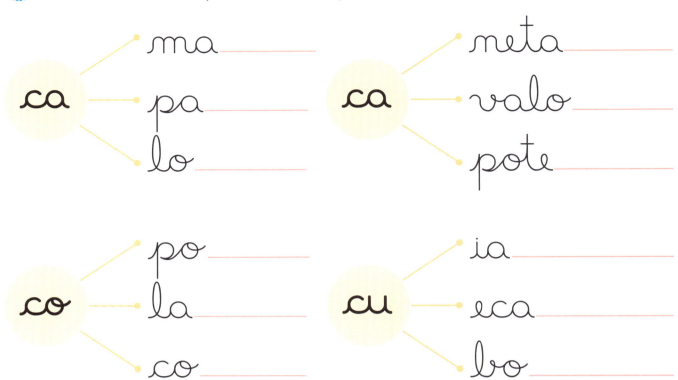

4 Leia as palavras e ligue cada uma à palavra que lhe corresponde.

a) cuca • • bico

b) bico • • cocada

c) cocada • • cuca

5 Separe as sílabas das palavras a seguir.

NOME: _____ DATA: _____

Atividades

1 Cubra o tracejado e escreva com letra cursiva a família da letra **G**.

g   ga   go   gu

G   Ga   Go   Gu

2 Observe as imagens e complete as palavras com *ga*, *go* ou *gu*.

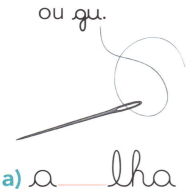

a) a____lha   b) ____rila   c) ____lo

Língua Portuguesa 59

3 Junte as letras para formar palavras.

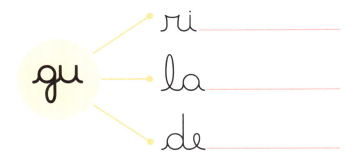

4 Leia as palavras de cada coluna e marque com um **X** aquela que não pertence ao grupo.

amigo	goiaba	rato
água	gato	gude
lago	baú	papagaio
colega	legume	galo
roupa	gaveta	gavião

5 Separe as sílabas das palavras a seguir.

a) gaveta ☐ ☐ ☐

b) gola ☐ ☐

c) guloso ☐ ☐ ☐

NOME: _____ DATA: _____

Atividades

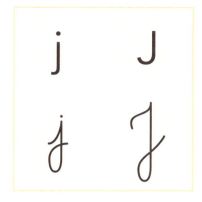

| j | J |
| j | J |

1) Cubra o tracejado e escreva com letra cursiva a família da letra **J**.

| j | ja | je | ji | jo | ju |
| J | Ja | Je | Ji | Jo | Ju |

_____

| j | ja | je | ji | jo | ju |

_____

| J | Ja | Je | Ji | Jo | Ju |

_____

2) Observe as imagens e complete as palavras com *ja, je, ji, jo* ou *ju*.

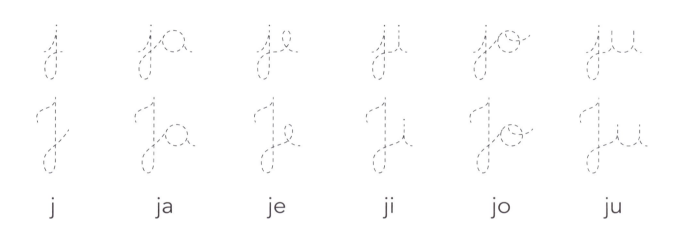

a) ti___lo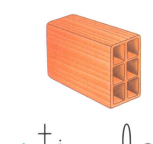

b) ___pe

c) ___buti

Língua Portuguesa

3) Junte as letras para formar palavras.

ja — ca_____ / vali_____ / nela_____

ju — ba_____ / juba_____ / iz_____

4) Leia as palavras e ligue cada uma à palavra que lhe corresponde.

a) jato •   • jiló

b) jiló •   • cajá

c) jiboia •   • jiboia

d) cajá •   • jato

5) Copie cada palavra a seguir com letra cursiva. Depois, escreva no quadro o número de sílabas que elas apresentam.

a) coruja _____ ☐

b) Juliana _____ ☐

c) loja _____ ☐

d) jipe _____ ☐

e) sujo _____ ☐

Língua Portuguesa

NOME: _____ DATA: _____

Revisando as letras C, G e J

Vamos ouvir

Cadê o toucinho que estava aqui?
— Cadê o toucinho que estava aqui?
— O gato comeu.
— Cadê o gato?
— Fugiu pro mato.
— Cadê o mato?
— O fogo queimou.
— Cadê o fogo?
— A água apagou.
— Cadê a água?
— O boi bebeu.
— Cadê o boi?
— Amassando o trigo.
— Cadê o trigo?
— A galinha espalhou.
— Cadê a galinha?
— Botando ovo.
— Cadê o ovo?
— Quebrou!

Parlenda.

Atividades

1 Circule na parlenda todas as palavras escritas com a letra **c**.

2 Ditado de palavras com **g** e **j**.

a) _____   d) _____

b) _____   e) _____

c) _____   f) _____

Língua Portuguesa 63

3 Coloque *a* ou *o* antes das palavras a seguir.

a) _____ panela   e) _____ saúva

b) _____ caju   f) _____ janela

c) _____ jaca   g) _____ gato

d) _____ goiaba   h) _____ jiló

4 Ligue cada palavra à imagem que lhe corresponde.

a) jipe •

b) galo •

c) javali •

d) cajado •

5 Ordene as palavras e escreva, com letra cursiva, as frases formadas.

a) ²é ¹Juliana ³bonita.

_____

b) ²caju ⁵Caio. ³é ¹O ⁴de

_____

64 Língua Portuguesa

NOME: _____ DATA: _____

Atividades

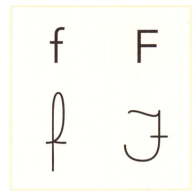

1 Cubra o tracejado e escreva com letra cursiva a família da letra **F**.

| f | fa | fe | fi | fo | fu |

| F | Fa | Fe | Fi | Fo | Fu |

2 Observe as imagens e complete as palavras com *fa, fe, fi, fo* ou *fu*.

a)    b)    c)

Língua Portuguesa 65

3 Forme palavras com as sílabas a seguir e complete as frases.

| da | to | fa | fu | fo | bá |

a) A _____ é de Fábio.

b) O bolo é de _____.

c) A _____ é boa.

4 Leia o texto a seguir.

A foca de Fabiana

Fabiana tem uma foca.
A foca é feita de filó e pano.
O nome da foca é Fifi.
Fifi fica na cama de Fabiana.

5 Complete as frases de acordo com o texto.

_____ tem uma _____.

A foca é feita de _____ e _____.

O _____ da foca é _____.

Fifi _____ na cama de Fabiana.

NOME: _____ DATA: _____

Atividades

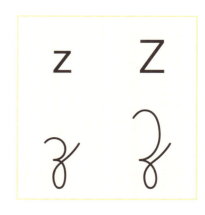

1 Cubra o tracejado e escreva com letra cursiva a família da letra **Z**.

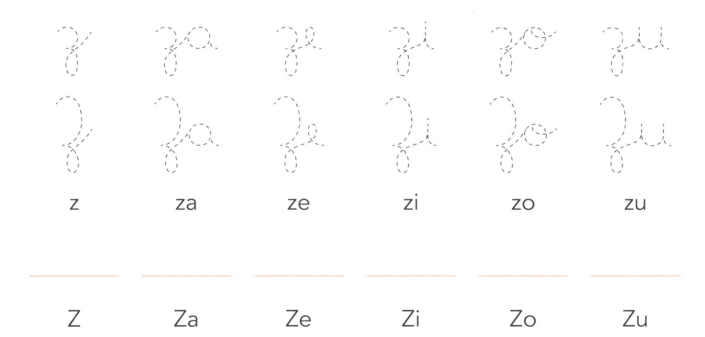

| z | za | ze | zi | zo | zu |

| Z | Za | Ze | Zi | Zo | Zu |

2 Leia as palavras a seguir. Depois, observe cada imagem e ligue-a à palavra que lhe corresponde.

a) buzina
b) beleza
c) azeitona
d) zero

Língua Portuguesa 67

3 Pinte com a mesma cor os retângulos que apresentam palavras iguais.

AZEDO	azul	azeite
azeite	AZEDO	azul

4 Junte as letras para formar palavras.

5 Separe as sílabas das palavras a seguir.

a) moleza

b) dezena

c) batizado

d) doze

6 Coloque *a* ou *o* antes das palavras a seguir.

a) ___ azeitona

b) ___ zebu

c) ___ azulejo

d) ___ buzina

68 Língua Portuguesa

NOME: _____ DATA: _____

Revisando a letra Z

Vamos ouvir

Zebra

Esta é a letra "**Z**"
Agora vou lhe explicar.
É a letra do "zoológico"
Se alguém lhe perguntar.

A menina da escola
Será logo aprovada
Se conseguir responder
Como "zebra" é soletrada.

Essa letra sempre perto
Muito pode lhe ajudar.
Veja quanta coisa boa
Ela serve para indicar.

Zigue-zague, zás-trás...
Quantos sons com "Z" se faz!
"Zurro" do burro. "Zunzum" da zoeira.
Com zíper, Zico, zebu, zero,
Acabou a brincadeira.

Já estou ficando ZONZA!

Zebra. Inserido na obra Ciranda do ABC.
Autoria de Phyllis Reily. 1ª ed.
Campinas: Papirus, 2009. p. 35.

Língua Portuguesa 69

Atividades

1 Responda.

a) Qual é o nome do texto?

_____

b) Qual é o nome do autor do texto?

_____

c) Qual é o nome do livro do qual foi retirado o poema?

_____

2 Faça um **X** na resposta certa de acordo com o poema.

a) A letra Z é a letra do...

☐ carro   ☐ zoológico   ☐ globo

b) A menina da...

☐ casa   ☐ jardim   ☐ escola

c) Essa letra sempre perto muito pode lhe...

☐ ajudar   ☐ servir   ☐ atrapalhar

d) Acabou a brincadeira. Já estou ficando...

☐ triste   ☐ zonza   ☐ tonta

3 Copie do poema as palavras escritas com a letra **Z**.

_____

_____

_____

4 Agora, escreva outras palavras ou nomes com a letra **Z**.

_____

_____

Língua Portuguesa

NOME: _____ DATA: _____

Atividades

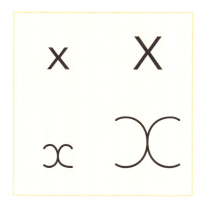

1 Cubra o tracejado e escreva com letra cursiva a família da letra **X**.

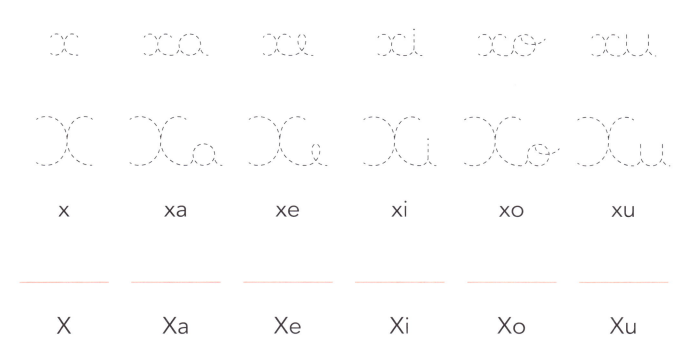

| x | xa | xe | xi | xo | xu |

| X | Xa | Xe | Xi | Xo | Xu |

2 Observe as imagens e complete as palavras com xa, xe, xi, xo ou xu.

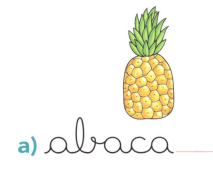
a) abaca____

b) pei____

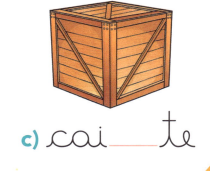
c) cai__te

Língua Portuguesa 71

3 Complete as frases com uma das palavras que estão nos quadros.

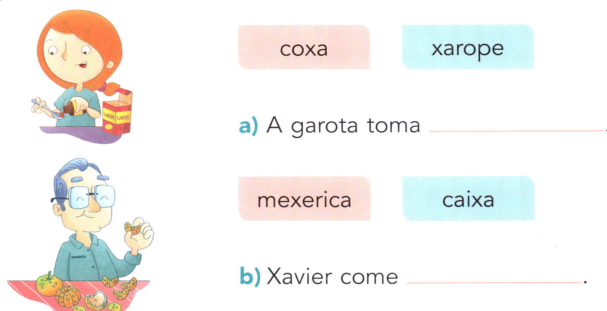

coxa   xarope

a) A garota toma _____.

mexerica   caixa

b) Xavier come _____.

4 Pinte o quadro cuja frase combina com a imagem.

a) O xale é do titio.

b) O xale é da mamãe.

c) O xale é do papai.

5 Numere as figuras de acordo com as frases.
1. A bexiga é da menina.
2. O lixo caiu.
3. A ameixa é boa.
4. O xale é lindo.

72 Língua Portuguesa

NOME: _____ DATA: _____

Revisando tudo o que foi estudado

Vamos ouvir

Pixote

Pixote é um menino levado.
Ele mexeu na caixa de ameixa
e sujou o xale da vovó Xuxa.
A vovó Xuxa falou:
– Pixote, eu lavo o xale.

Viktar Malyshchyts/Shutterstock

Atividades

1 Numere as cenas de acordo com o texto.

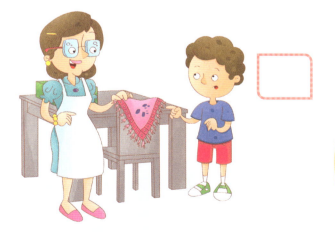

Língua Portuguesa

2 Forme frases com as palavras a seguir.

a) peixe

_____

_____

b) azeitona

_____

_____

c) xerife

_____

_____

3 Ordene as letras para formar palavras.

a) A • X • A • N • F • I

_____

b) D • Z • A • E • N • E

_____

c) A • Z • T • I • E • E

_____

d) Ú • Z • D • I • A

_____

De abóbora faz melão

De abóbora faz melão
De melão faz melancia

Faz doce, sinhá, faz doce, sinhá
Faz doce de maracujá [...]

Cantiga.

4 Circule na cantiga todas as palavras escritas com a letra **Z**.

NOME: _____ DATA: _____

Trabalhando as letras H e Q

Atividades

1 Observe as letras e cubra o tracejado.

2 Observe as letras em destaque na tabela a seguir. Circule cada uma delas nas palavras que aparecem na mesma linha.

h	beleza	fita	hora
H	Zélia	Hélio	Xênia
q	javali	boné	quiabo
Q	Fábio	Quitéria	Zuleica

3 Pesquise em jornais, revistas ou folhetos palavras com as letras **h** e **q**. Recorte-as e cole-as a seguir.

h q

NOME: _____ DATA: _____

Atividades

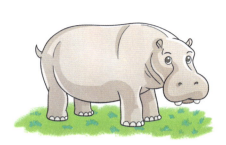

h   H
h   *H*

1 Cubra o tracejado e escreva com letra cursiva a família da letra **H**.

h   ha   he   hi   ho   hu

H   Ha   He   Hi   Ho   Hu

h   ha   he   hi   ho   hu

_____

H   Ha   He   Hi   Ho   Hu

_____

2 Observe as imagens e complete as palavras com *ha, he, hi, ho* ou *hu*.

a) ____*ena*   b) ____*mano*   c) ____*lofote*

Língua Portuguesa

3 Separe as sílabas das palavras a seguir.

a) hepatite ⬜ ⬜ ⬜ ⬜

b) hélice ⬜ ⬜ ⬜

c) hálito ⬜ ⬜ ⬜

d) humano ⬜ ⬜ ⬜

e) hora ⬜ ⬜

f) hino ⬜ ⬜

4 Observe cada imagem e circule o nome dela na linha ao lado.

juba	bala	hipopótamo
panela	hélice	rádio
cola	sabido	harpa
homem	macaco	vovó
cavalo	holofote	tomada

Língua Portuguesa

NOME: _____ DATA: _____

Atividades

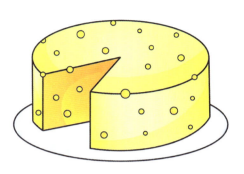

1 Cubra o tracejado e escreva com letra cursiva a família da letra **Q**.

q	que	qui	que	qui
Q	Que	Qui	Que	Qui

2 Observe as imagens e complete as palavras com *que* ou *qui*.

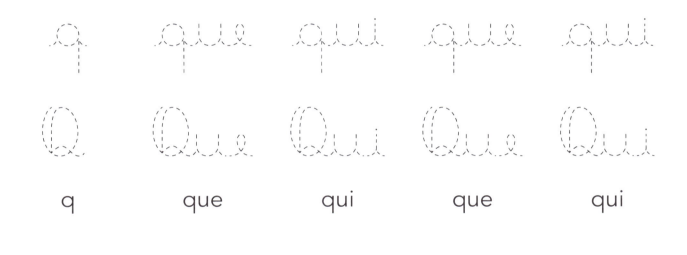

a) ____ be

b) ____ abo

c) ____ ca

Língua Portuguesa

3 Leia as palavras e sublinhe as sílabas **que** e **qui**.

quitute	moleque	quibe
quilo	quiabo	queda
líquido	queijada	queimado

4 Complete a frase escolhendo a palavra adequada de acordo com a imagem.

coqueiro   periquito   quati

• Quitéria viu um _____ .

Vamos cantar

O sapo não lava o pé
O sapo não lava o pé
Não lava porque não quer
Ele mora lá na lagoa
Não lava o pé
Porque não quer
Mas que chulé!

Cantiga.

5 Circule na cantiga todas as palavras escritas com a letra **q**.

Trabalhando as letras K, W e Y

As letras **K**, **W** e **Y** agora pertencem a nosso alfabeto. Elas são utilizadas somente em alguns casos, por exemplo, nomes de origem estrangeira e símbolos de uso internacional.
A letra **K** tem o som de **C**.
A letra **W** tem o som de **U** ou de **V**.
A letra **Y** tem o som de **I**.

Atividades

1. Observe as letras minúsculas e cubra o tracejado.

2 Observe as letras maiúsculas e cubra o tracejado.

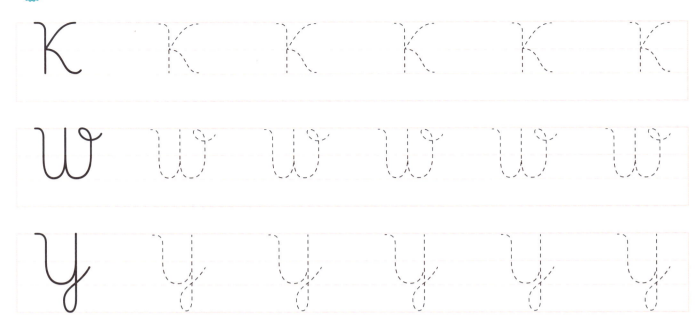

3 Observe os produtos e as marcas a seguir e circule as letras de acordo com a legenda.

4 Pesquise em jornais, revistas ou folhetos palavras com as letras **k**, **w** e **y**. Recorte-as e cole-as em uma folha à parte.

NOME: _____ DATA: _____

Revisando tudo o que foi estudado

Vamos cantar

Pombinha branca
Pombinha branca
O que está fazendo
Lavando a roupa
Do casamento.

A roupa é suja
Cor-de-rosa
Pombinha branca
É preguiçosa.

Cantiga.

Atividades

1 Circule na música todas as palavras escritas com as letras **p**, **r**, **j** e **h**.

2 Complete a família silábica das letras a seguir.

	A	E	I	O	U
M			MI		
S		SE			
C				CO	
Q					
D					DU
Z			ZI		

Língua Portuguesa 83

3 Junte os numerais indicados para formar as palavras.

1	2	3	4	5	6	7	8	9	10
xa	ru	pi	fo	ga	na	ze	a	le	bu

11	12	13	14	15	16	17	18	19	20
po	zu	go	do	ze	zi	a	bu	la	ca

a) 1+9 _____

b) 4+13 _____

c) 8+12+19+14 _____

d) 7+18 _____

e) 2+17 _____

f) 5+15 _____

g) 10+16+6 _____

h) 3+11+20 _____

4 Coloque **a** ou **o** antes das palavras a seguir.

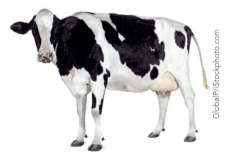

a) _____ leão

b) _____ peixe

c) _____ jabuti

d) _____ cadeado

e) _____ vaca

f) _____ sacola

g) _____ caneta

h) _____ faca

5 Ditado de palavras.

a) _____

b) _____

c) _____

d) _____

e) _____

f) _____

Língua Portuguesa

Alfabeto

Atividades

1. Observe o alfabeto minúsculo e cubra o tracejado.

Língua Portuguesa

2 Copie o alfabeto minúsculo em letra cursiva.

a   b   c   d   e   f   g   h   i   j

k   l   m   n   o   p   q   r

s   t   u   v   w   x   y   z

3 Observe o alfabeto maiúsculo e circule as vogais. Use uma cor para cada letra.

| A | B | C | D | E | F | G | H | I | J | K | L | M |
| N | O | P | Q | R | S | T | U | V | W | X | Y | Z |

4 Complete o alfabeto maiúsculo.

𝒜 ℬ ___ ___ ___ ___ ℱ ___

ℋ ___ 𝒥 ___ ___ ___ ___ ___

𝒪 ___ ___ ___ 𝒮 ___

𝒰 𝒲 ___ ___ ___ 𝒵

NOME: _____ DATA: _____

Revisando tudo o que foi estudado
Vamos ouvir

Em cima

Embaixo

Andando de avião
as nuvens ficam embaixo:

parecem almofadas
                de algodão dão dão.

          Subindo a serra
a gente passa no meio das nuvens.

Andando pela calçada
as nuvens parecem tão...   ... tão longe.

Perto...   ... e longe
em cima
     e embaixo
depende do lugar.

Brincando em cima
das almofadas de algodão dão dão
parece que o céu
VIROU
NO
chão.

Em cima Embaixo, da obra *O cata-vento e o ventilador*,
de Luis Camargo. São Paulo: FTD, 1998. p. 34.

Língua Portuguesa 87

Atividades

1 Faça um **X** na resposta certa de acordo com o poema.

a) Andando de...

☐ navio   ☐ avião   ☐ ônibus

b) As nuvens ficam embaixo: / parecem...

☐ sofá   ☐ cadeiras   ☐ almofadas

2 Complete as frases de acordo com o poema.

Subindo a _____

a _____ passa no meio

das _____.

Andando pela _____

as _____ parecem _____...

...tão longe.

3 Responda às questões.

a) Qual é o nome do poema?

_____

b) Qual é o nome do autor do poema?

_____

c) Qual é o nome do livro do qual foi retirado o poema?

_____

NOME: _____ DATA: _____

Trabalhando as sílabas complexas

Atividades

ce   ci

ce   ci

1 Observe as sílabas e cubra o tracejado.

ce ce ce ce ce ce ce ce

ce ce ce ce ce ce

ci ci ci ci ci ci ci

ci ci ci ci ci ci

2 Observe as imagens e complete as palavras com ce ou ci.

a) ____ bola   b) va ____ na   c) capa ____ te

3 Siga o exemplo.

o doce   os doces

a) o capacete _____

b) a cenoura _____

c) a vacina _____

4 Separe as sílabas das palavras a seguir.

a) cebola ☐ ☐ ☐

b) cego ☐ ☐

c) cidade ☐ ☐ ☐

d) cigana ☐ ☐ ☐

5 Ordene as palavras e escreva, com letra cursiva, as frases formadas.

a) 3 sopa 2 toma 1 Celena 4 de 5 cebola.

_____

b) 2 foi 1 Ceci 4 cinema. 3 ao

_____

Língua Portuguesa

NOME: _____ DATA: _____

Atividades

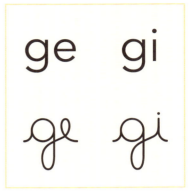

ge gi
ge gi

1 Observe as sílabas e cubra o tracejado.

2 Observe as imagens e complete as palavras com ge ou gi.

a) ____ ma   b) reló ____ o   c) ____ rafa

Língua Portuguesa 91

3 Observe cada imagem e faça a correspondência numérica com a palavra que lhe corresponde.

- [ ] gibi
- [ ] girassol
- [ ] tigela
- [ ] gelo
- [ ] mágico
- [ ] gelatina

4 Separe as sílabas das palavras a seguir.

a) página ☐ ☐ ☐

b) geladeira ☐ ☐ ☐ ☐

c) Gina ☐ ☐

5 Siga o exemplo.

a) a gemada   as gemadas

b) o mágico   _____

c) a gelatina   _____

d) a tigela   _____

e) o girino   _____

Língua Portuguesa

NOME: _____ DATA: _____

Atividades

ara

ara

1. Leia atentamente as palavras a seguir e observe o som do *r* entre as vogais.

vara	areia	carioca
barata	careca	xerife
marido	cereja	ouro
urubu	parede	amora

2. Observe as imagens e complete as palavras com *ra*, *re*, *ri*, *ro* ou *ru*.

a) co ___ ja   c) co ___ a   e) baila ___ na

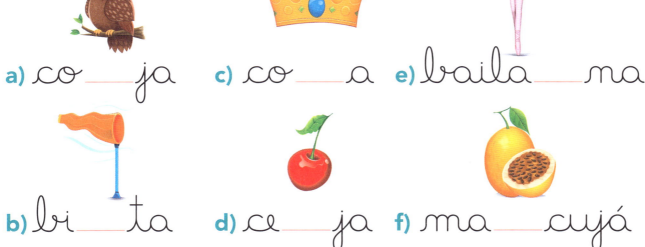

b) bi ___ ta   d) ce ___ ja   f) ma ___ cujá

Língua Portuguesa

3. Observe as imagens e complete o diagrama de palavras.

4. Copie as palavras no lugar correto da tabela.

barata
jacaré
parede
garoto
peru
xícara

a	o

5. Ordene as palavras e escreva, com letra cursiva, as frases formadas.

a) 3 é   2 girafa   1 A   4 bonita.

_____

b) 2 comeu   1 Carolina   4 farofa.   3 a

_____

NOME: _____ DATA: _____

Revisando a letra R entre vogais

A arara rara
Era uma vez
uma bela arara
de Araraquara.

Iara amarra
a arara rara
a rara arara
de Araraquara.

Tive uma ideia!
Salvar a arara!
Vida de arara amarrada
não tem graça!
O que você acha?

Trava-língua.

1. Circule no trava-língua todas as letras **r** que estão entre vogais.

2. Assinale a resposta correta de acordo com o texto.
   a) O texto fala de que animal?
      ☐ Gorila. ☐ Arara. ☐ Girafa.
   b) Como era a arara?
      ☐ Bela. ☐ Feia. ☐ Gozada.
   c) De que local é a arara?
      ☐ Araraquara. ☐ Pará. ☐ Recife.
   d) Quem amarra a arara?
      ☐ Irene. ☐ Mário. ☐ Iara.

Língua Portuguesa

3 Observe as imagens e escreva o nome delas.

a) _____ c) _____ e) _____

b) _____ d) _____ f) _____

4 Leia o texto a seguir.

A bailarina
Maria é uma bailarina.
Ela mora na cidade do Rio de Janeiro.
Maria adora cereja, amora e maracujá,
Mas não come abóbora e cará.

5 Numere as frases de acordo com o texto.

a) ☐ Mas não come abóbora e cará.

b) ☐ Ela mora na cidade do Rio de Janeiro.

c) ☐ Maria é uma bailarina.

d) ☐ Maria adora cereja, amora e maracujá.

NOME: _____ DATA: _____

Atividades

rr

𝓇𝓇

1 Leia atentamente as palavras a seguir e observe o som do 𝓇𝓇 entre as vogais.

barriga	jarra	ferro
serra	serrote	verruga
marreco	garrido	surra
corrida	barra	terreno

2 Observe as imagens e complete as palavras com 𝓇𝓇.

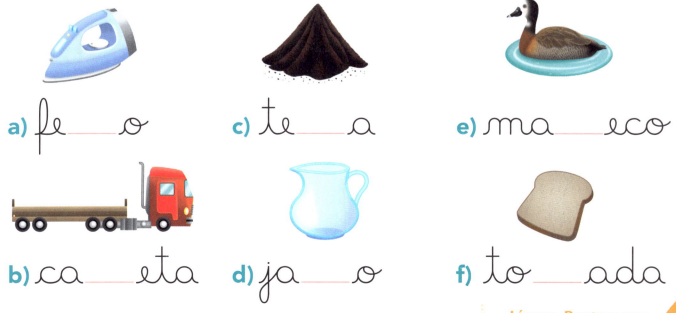

a) fe___o   c) te___a   e) ma___eco

b) ca___eta   d) ja___o   f) to___ada

Língua Portuguesa 97

3 Observe o exemplo e separe as sílabas.

a) garrafa — | gar | ra | fa |

b) burro — | | |

c) barraca — | | | |

d) terreno — | | | |

e) macarrão — | | | |

f) bezerro — | | | |

4 Complete as palavras com r ou rr.

a) ga___afa   c) gi___afa   e) fe___o

b) que___o   d) co___el   f) pe___u

5 Observe as imagens e escreva o nome delas.

a) _____   c) _____   e) _____

b) _____   d) _____   f) _____

NOME: _____ DATA: _____

Revisando o RR entre vogais

Atividades

1 Leia o texto a seguir.

Garrido derrubou a jarra de suco.
A jarra é da vovó.
O suco é de beterraba.

2 Complete as frases de acordo com o texto.

a) _____ derrubou a jarra de suco.

b) A _____ é da _____.

c) O suco é de _____.

3 Coloque *a* ou *o* antes das palavras a seguir.

a) ___ girafa

b) ___ carro

c) ___ beterraba

d) ___ careta

e) ___ jarra

f) ___ arara

g) ___ serrote

h) ___ erro

Língua Portuguesa 99

4 Leia cada frase a seguir e escreva-a com letra cursiva ao lado da imagem que se relaciona a ela.

a) O burro corre.
b) O macarrão caiu.
c) A barraca é nova.
d) O serrote é do papai.
e) O bezerro mama leite.

5 Ditado de palavras.

a) _____   d) _____

b) _____   e) _____

c) _____   f) _____

Língua Portuguesa

NOME: _____ DATA: _____

Atividades

nh

nh

1 Leia atentamente cada palavra a seguir.

linha	pinheiro	minha
ninho	dinheiro	sonho
linho	gatinho	ovinho
ratinho	junho	patinho
vinho	galinho	carinho

2 Observe as imagens e complete as palavras com nh.

a) ni___o   c) ara___a   e) di___eiro

b) u___a   d) rai___a   f) mi___oca

Língua Portuguesa 101

3 Separe as sílabas das palavras a seguir.

a) dinheiro

b) banheiro

c) banho

4 Siga o exemplo.

faca — faquinha

a) boca

b) vaca

c) gato

d) pato

e) amarela

f) garrafa

5 Observe as imagens e escreva o nome delas.

a) _____   b) _____   c) _____

Revisando o NH

Vamos cantar

Meu pintinho amarelinho
Meu pintinho amarelinho
Cabe aqui na minha mão
Na minha mão

Quando quer comer bichinho
Com seu pezinho ele cisca o chão

Ele bate as asas
Ele faz piu, piu
Mas tem muito medo é do gavião.

Theodora Maria Mendes de Almeida (Coord.). *Quem canta seus males espanta*. São Paulo: Caramelo, 1998. p. 31.

Atividades

1 Procure no texto três palavras com **nh** e escreva-as a seguir.

_____

2 Reescreva as frases dando nome às imagens.

a) A 🐔 de Aninha fugiu.

_____

b) Os 🥚🥚 são da galinha.

_____

3 Numere as frases de acordo com as imagens.

| 1 | 2 | 3 | 4 |

☐ O ninho é da galinha.   ☐ A linha é amarela.

☐ O dinheiro é verde.   ☐ O ratinho corre.

4 Observe as imagens e complete o diagrama de palavras.

Q U I   R

5 Numere a segunda coluna de acordo com a primeira.

1 galo   ☐ garota

2 rei   ☐ perua

3 garoto   ☐ galinha

4 peru   ☐ rainha

Língua Portuguesa

NOME: _____ DATA: _____

Revisando tudo o que foi estudado

Vamos ouvir

Corujice

A cara coruja
não encara
a cara do sol,
mas à noite
fica bem na sua
cara a cara
com a lua.

Elias José. *Boneco Maluco e outras brincadeiras*. Porto Alegre: Projeto, 1999.

Atividades

1 Circule no texto todas as palavras com o **r** entre vogais.

2 Complete cada palavra a seguir com a sílaba que falta.

a) ____ latina   c) macar ____   e) ____ noura

b) pe ____   d) gali ____   f) ____ bola

Língua Portuguesa 105

3 Complete as frases a seguir com as palavras que estão nos quadros.

cidade   *saci*   *cigana*

a) Lúcia é uma _____.

b) O _____ é muito sapeca.

c) A _____ é bonita.

4 Leia as palavras de cada grupo e descubra a sílaba que se repete em todas elas. Depois, escreva-a no quadro.

a)
caravela
cenoura
arara
cera ☐

b)
dedo
delícia
cabide
idade ☐

c)
galinha
cegonha
pamonha
unha ☐

d)
relógio
gigante
girafa
mágico ☐

e)
cinema
vacina
cidade
bacia ☐

f)
pomada
copo
pipoca
pote ☐

5 Ditado de palavras.

a) _____

b) _____

c) _____

d) _____

e) _____

f) _____

Língua Portuguesa

NOME: _____ DATA: _____

Atividades

an en in on un

an en in on un

1 Leia atentamente cada palavra a seguir.

anda	dente	tinta
pente	lindo	santa
onda	banda	fazenda
mundo	semente	anjo

2 Observe as imagens e complete as palavras com an, en, im, on ou um.

a) m___ga   c) c___to   e) ___jo

b) d___te   d) p___te   f) t___ta

Língua Portuguesa 107

3 Separe as sílabas das palavras a seguir.

a) monte

b) Ângela

c) anta

d) Henrique

e) vinte

4 Ligue os pares. Veja o exemplo.

a) pato — pata

b) papai — rata

c) gato — rainha

d) rei — titia

e) galo — galinha

f) rato — mamãe

g) titio — gata

108 Língua Portuguesa

NOME: _____ DATA: _____

Atividades

am em im om um

am em im om um

1 Leia atentamente cada palavra a seguir.

bambu	empada	bombom
samba	limpeza	bom
bomba	campo	bem
tampa	bumbo	sem

2 Observe as imagens e complete as palavras com *am*, *em*, *im*, *om* ou *um*.

a) lâ___pada

c) ___pada

e) hom___

b) ame`ndo`___

d) b___bom

f) b___bo

Língua Portuguesa 109

3 Separe as sílabas das palavras a seguir.

a) xampu

b) bombeiro

c) berimbau

d) também

e) combate

f) tambor

4 Observe as imagens e complete o diagrama de palavras.

Revisando tudo o que foi estudado

Vamos cantar

Um, dois, três indiozinhos
Quatro, cinco, seis indiozinhos
Sete, oito, nove indiozinhos
Dez num pequeno bote.

Vinham navegando pelo rio abaixo
Quando o jacaré se aproximou
E o pequeno bote dos indiozinhos
Quase, quase virou,
Mas não virou!

Cantiga.

Atividades

1. Observe as imagens e numere-as de acordo com a sequência da cantiga.

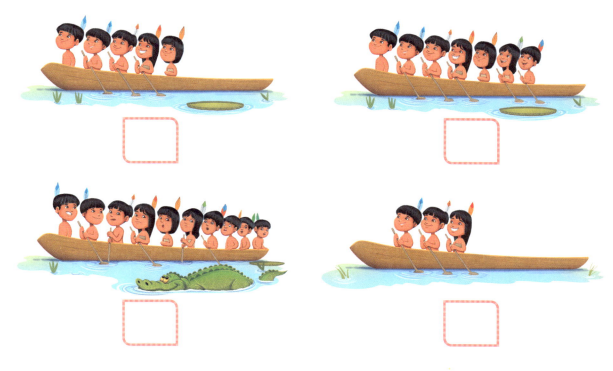

Língua Portuguesa

2 Complete as palavras com m ou n.

a) ma____ga

b) ta____bém

c) pi____tura

d) o____da

e) a____dorinha

f) la____parina

g) zu____bido

h) u____bigo

3 Siga o exemplo.

dente dentinho

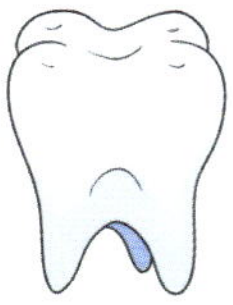

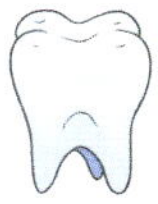

a) tampa ____________________

b) pente ____________________

c) bomba ____________________

d) laranja ____________________

4 Observe as imagens e forme uma frase com cada uma delas.

a)

Karkas/Shutterstock

____

____

b)

Ivashkova/Dreamstime.com

____

____

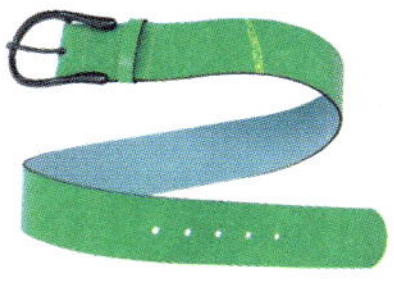

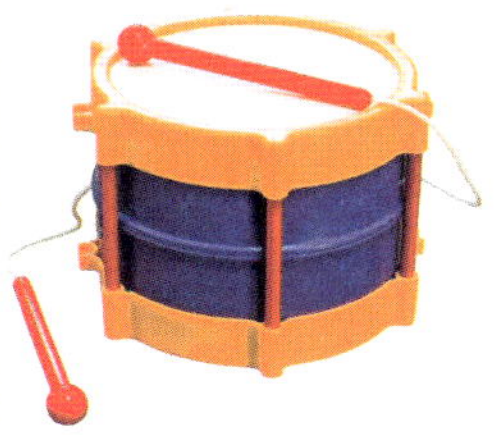

NOME: _____ DATA: _____

Atividades

qu
qu

1 Observe as sílabas, cubra o tracejado e continue escrevendo.

qua qua _____

Qua Qua _____

que que _____

Que Que _____

2 Leia atentamente cada palavra a seguir.

quati   aquarela   quando

oblíquo   qualificado

quantidade   aquoso

Língua Portuguesa 113

3 Complete as palavras com *qua* ou *quo* e copie-as.

a) ____ ti   b) ____ tro   c) a ____ so

_____   _____   _____

4 Observe as imagens e escreva o nome delas.

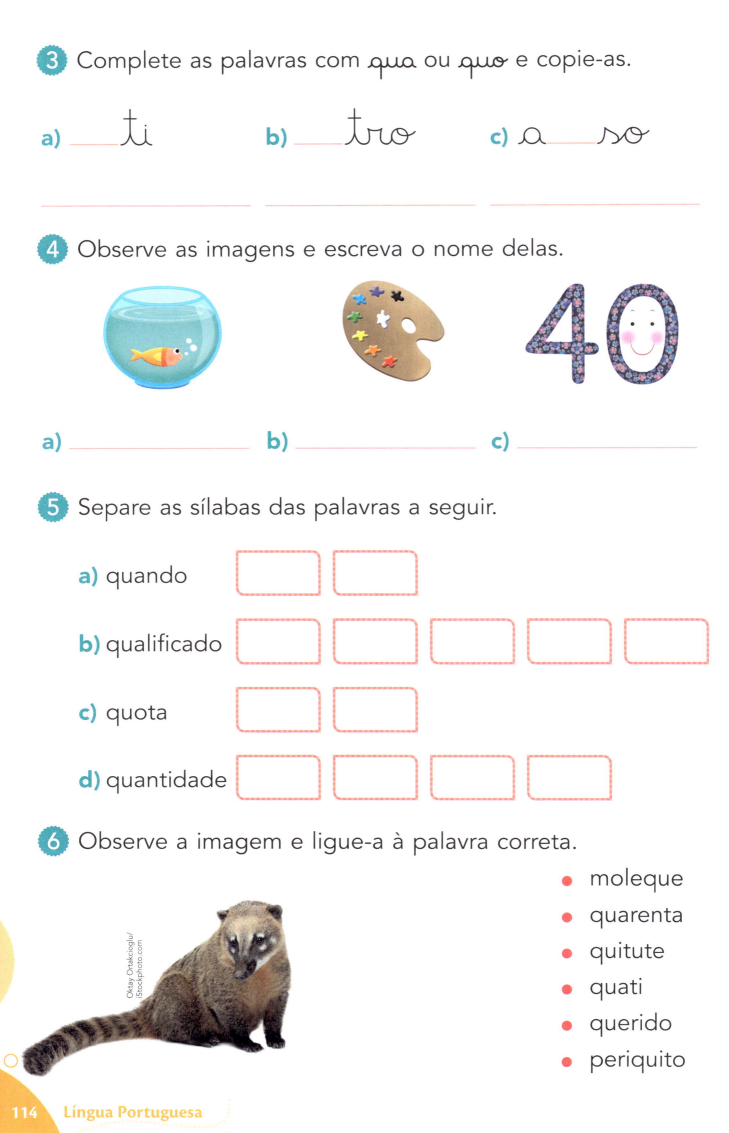

a) _____   b) _____   c) _____

5 Separe as sílabas das palavras a seguir.

a) quando

b) qualificado

c) quota

d) quantidade

6 Observe a imagem e ligue-a à palavra correta.

- moleque
- quarenta
- quitute
- quati
- querido
- periquito

NOME: _____ DATA: _____

Atividades

lh
lh

1 Leia atentamente cada palavra a seguir.

ilha	alho	medalha
olho	milho	bilhete
velho	rolha	abelhudo
folha	filho	palha

2 Observe as imagens e complete as palavras com lha, lhe, lhi, lho ou lhu.

a) o____

b) rama____ te

c) repo____

d) pa____ço

e) mi____

f) agu____

Língua Portuguesa 115

3 Separe as sílabas das palavras a seguir.

a) bolha

b) abelha

c) piolho

d) rolha

e) malha

4 Ligue cada palavra à imagem que lhe corresponde.

a) telha

b) ovelha

c) folha

d) alho

5 Escreva no quadro o número de sílabas de cada palavra.

a) telhado c) agasalho e) galho

b) folheto d) repolho f) toalha

116 Língua Portuguesa

Revisando tudo o que foi estudado

Vamos ouvir

Brincando de não me olhe

[...]
Não me olhe da janela
Que eu não sou panela

Não me olhe da porta
Que eu não sou torta

Não me olhe do portão
Que eu não sou leitão

[...]

Não me olhe na mão
Que eu não sou mamão

Não me olhe no joelho
Que eu não sou espelho

Não me olhe no pé
Que eu não sou chulé.

Elias José. *Namorinho de portão*.
São Paulo: Moderna, 2002. p. 19.

Atividades

1 Complete as frases de acordo com o texto.

Não me _____ no joelho

Que eu não sou _____

Não me _____ no pé

Que eu não sou _____.

2 Numere a segunda coluna de acordo com a primeira.

1	boi		sapa
2	papai		vovó
3	titio		mocinha
4	rei		velha
5	galo		vaca
6	sapo		mamãe
7	vovô		rainha
8	velho		titia
9	filho		galinha
10	mocinho		filha

3 Ordene as sílabas e copie a palavra formada.

a) lhe te bi _____

b) lho jo e _____

c) ra me lho _____

Atividades

asa
asa

1 Leia atentamente as palavras a seguir e observe o som do s entre as vogais.

rosa	mesa	gasolina
asa	defesa	música
desenho	camisa	visita
raso	desejo	tesouro

2 Observe as imagens e complete as palavras com s.

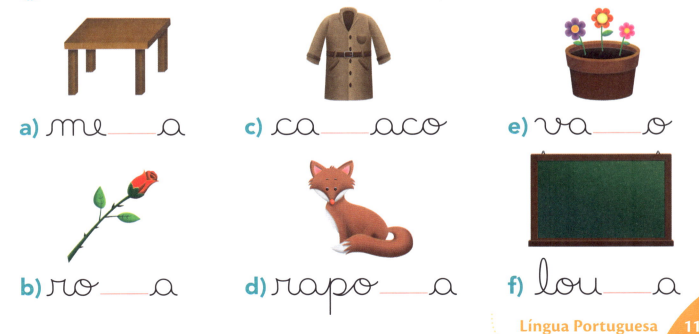

a) me__s__a

b) ro__s__a

c) ca__s__aco

d) rapo__s__a

e) va__s__o

f) lou__s__a

3 Observe a imagem e ligue-a à palavra correta.

- peso
- parafuso
- rosa

4 Junte os números indicados para formar as palavras.

1	2	3	4	5	6	7	8
ca	ri	coi	sa	pe	co	go	da

a) 1+4+6 _____

b) 2+4+8 _____

c) 3+4 _____

d) 5+2+7+4 _____

e) 5+4+8 _____

5 Separe as sílabas das palavras a seguir.

a) raposa

b) desenho

c) gostoso

d) sorriso

6 Observe as imagens e escreva o nome delas.

a) _____ b) _____ c) _____

Revisando tudo o que foi estudado

Vamos ouvir

O elefantinho
Onde vais, elefantinho
Correndo pelo caminho
Assim tão desconsolado?
Andas perdido, bichinho
Espetaste o pé no espinho
Que sentes, pobre coitado?

– Estou com um medo danado
Encontrei um passarinho!

"O elefantinho". Vinicius de Moraes. In: *A arca de Noé: poemas infantis*. São Paulo: Cia. das Letras, Editora Schwarcz Ltda., 1991. p. 36.

Atividades

1. Ligue os pontos, descubra quem é o personagem do poema e escreva o nome dele a seguir.

2. Circule de **verde** as palavras do poema com **am**, **em**, **im**, **om**, **um** e, de **azul**, as palavras com **an**, **en**, **in**, **on**, **un**.

3. Complete a frase de acordo com a leitura do poema.

O elefantinho tem medo do _____.

4 Forme frases com o nome das imagens a seguir.

a)  _____

b)  _____

5 Observe as imagens e escreva o nome delas.

a) _____   b) _____   c) _____

6 Encontre no diagrama as palavras que estão nos quadros a seguir.

| MÚSICA | GALHO | GIGANTE |
| AMBULÂNCIA | GUARANÁ | CASACO |

G	U	A	R	A	N	Á	R	Y	L	M
P	W	L	G	X	C	A	S	A	C	O
A	M	B	U	L	Â	N	C	I	A	K
U	N	M	Ú	S	I	C	A	T	U	R
G	A	L	H	O	O	A	P	M	A	L
G	I	G	A	N	T	E	A	C	E	T

122 Língua Portuguesa

NOME: _____ DATA: _____

Atividades

SS
ss

1 Leia atentamente cada palavra a seguir.

massa	osso	passeio
fossa	nosso	assado
missa	carrossel	pássaro
Larissa	vassoura	ossudo

2 Observe as imagens e numere-as de acordo com as palavras.

| 1 osso | 3 vassoura | 5 pássaro |
| 2 assado | 4 tosse | 6 pêssego |

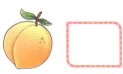

Língua Portuguesa

Vamos cantar

Passa, passa gavião

Passa, passa gavião
Todo mundo passa
Passa, passa gavião
Todo mundo passa
As cozinheiras
Fazem assim
As cozinheiras
Fazem assim
Assim, assim
Assim, assim.

Passa, passa gavião
Todo mundo passa
Passa, passa gavião
Todo mundo passa
Os cavaleiros
Fazem assim
Os cavaleiros
Fazem assim
Assim, assim
Assim, assim.

Cantiga.

3) Complete as frases de acordo com o texto.

Passa, _____ gavião

Todo _____ passa

As cozinheiras

Fazem _____

NOME: _____ DATA: _____

Atividades

al el il ol ul

al el il ol ul

1 Leia atentamente cada palavra a seguir.

mal	anel	mil
soldado	mel	pernil
filme	papel	multa

2 Ligue cada palavra à imagem que lhe corresponde.

a) sal

b) funil

c) barril

d) carretel

e) caracol

Língua Portuguesa 125

3 Separe as sílabas das palavras a seguir.

a) selva

b) alface

c) azul

d) futebol

4 Ordene as sílabas e copie a palavra formada.

a) pel pa

b) me fil

c) da sol do

d) ma al

e) mel a

f) ti mo úl

5 Complete cada frase com o nome da figura que está ao lado dela.

a) O _____ é amarelo.

b) Ritinha ganhou um _____.

c) Há linha no _____.

Revisando tudo o que foi estudado

Vamos ouvir

O girassol
Sempre que o sol
Pinta de anil
Todo o céu
O girassol fica
Um gentil carrossel

O girassol é o carrossel das abelhas [...]

Vinicius de Moraes. *A arca de Noé: poemas infantis.*
São Paulo: Cia. das Letras, Editora Schwarcz Ltda., 1991. p. 22.

Atividades

1 Complete as frases de acordo com o texto.

O _____ fica

Um _____ carrossel

O girassol é o _____ das abelhas

2 Responda às questões com a ajuda do professor.
a) Qual é o nome do poema?

b) Qual é o nome do livro do qual foi retirado o poema?

3) Separe as sílabas das palavras a seguir.

a) massa

b) funil

c) passado

4) Numere as palavras a seguir de acordo com o ditado que o professor fará.

sol	Vanessa	futebol
animal	amassou	tosse
passarela	passeata	alface

5) Observe as imagens e complete o diagrama de palavras.

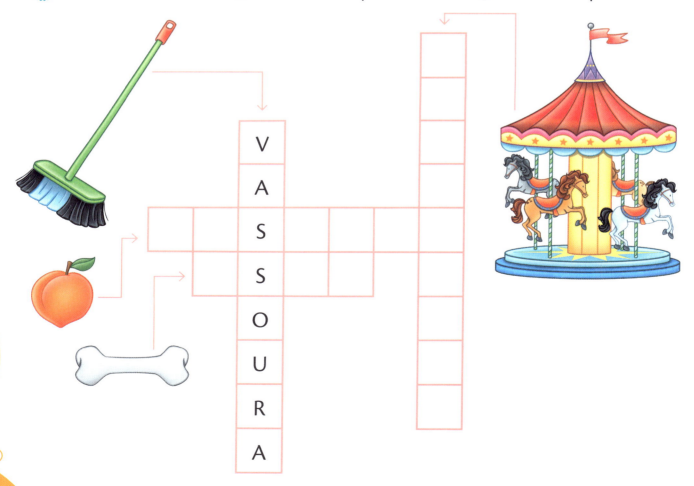

V
A
S
S
O
U
R
A

NOME: _____ DATA: _____

Atividades

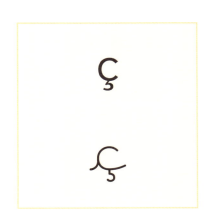

Ç

ç

1 Leia atentamente cada palavra a seguir.

taça	caroço	poço
caçula	açúcar	bagaço
roça	caça	moça

2 Observe a imagem e ligue-a à palavra correta.

- poço
- aço
- roça
- laço

3 Junte as letras para formar palavras.

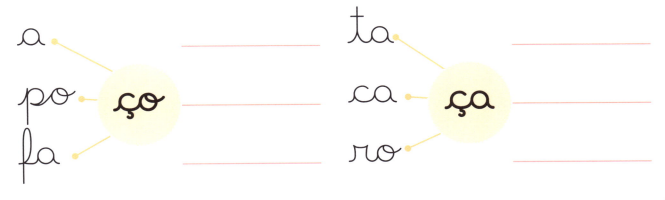

Língua Portuguesa

4 Coloque a ¸ (cedilha) onde for necessário.

a) aço
b) moça
c) laço
d) cinema
e) cenoura
f) coração
g) cabeça
h) caçarola
i) carreta

5 Complete as frases escolhendo a palavra adequada de acordo com a imagem.

Ciça   João

a) _____ vai passear.

ônibus   carroça

b) Ela vai de _____.

Vamos ouvir

Balança caixão
Balança caixão
Balança você
Dá um tapa nas costas
E vai se esconder.

Cantiga.

6 Circule no texto todas as palavras escritas com ç.

NOME: _____ DATA: _____

Atividades

ã   ãs   ães   ão   ãos   ões

ã   ãs   ães   ão   ãos   ões

1 Leia atentamente cada palavra a seguir.

pão   limão   mãos   cães

mamão   hortelã   não   vilões

caminhões   avelã   irmãs   lã

2 Siga o exemplo.

gato   gatinho   gatão

a) rato _____ _____

b) pato _____ _____

c) carro _____ _____

Língua Portuguesa **131**

3 Coloque o ~ (til) onde for necessário.

a) macaco
b) alemao
c) feijao
d) peao
e) sabao
f) sertao
g) anao
h) batalhao
i) limao
j) leitao

4 Siga os exemplos.

o capitão   os capitães
a maçã   as maçãs

a) o pão
b) a romã

Vamos cantar

Capelinha de melão

Capelinha de melão
É de São João
É de cravo
É de rosa
É de manjericão

São João está dormindo
Não acorda não
Acordai
Acordai
Acordai, João.

Cantiga.

5 Circule na música todas as palavras escritas com ~.

NOME: _____ DATA: _____

Atividades

gue	gui
gue	gui

1 Leia atentamente cada palavra a seguir.

guerra   figueira   guia

foguete   peguei   guizo

Miguel   guerreiro

mangueira   formigueiro

2 Observe as imagens e complete as palavras com *gue* ou *gui*.

a) fo___te   c) fo___ira   e) ___tarra

b) á___a   d) ___zo   f) pre___ça

Língua Portuguesa 133

3 Leia as palavras a seguir e copie-as na coluna a que pertencem.

Guilherme   zagueiro   mangueira   sangue
caranguejo guindaste   águia   guincho

gue	gui

Vamos cantar

Caranguejo

Caranguejo não é peixe
Caranguejo peixe é
Caranguejo só é peixe
Na enchente da maré.

Ora palma, palma, palma
Ora pé, pé, pé
Ora palma, palma, palma
Caranguejo peixe é.

Cantiga.

4 Complete as frases de acordo com a cantiga.

_____ não é peixe

Caranguejo _____ é

_____ só é peixe

Na _____ da maré.

Revisando tudo o que foi estudado

Atividades

1 Em cada quadro, circule a sequência de letras que se repete nas duas palavras. Veja o modelo.

| passado | calçada | almofada |
| assado | caçada | fada |

| soldado | mamão | qualidade |
| dado | limão | possibilidade |

2 Complete as palavras com *s* ou *ss*.

a) ma___a

b) ___alada

c) pe___oa

d) deze___eis

e) Vane___a

f) pa___ta

g) ___alão

h) pa___tel

3 Siga o exemplo.

maçã — maçãs

a) mãe _____

b) limão _____

c) pão _____

d) botão _____

e) irmão _____

f) coração _____

Língua Portuguesa

4 Siga o exemplo.

foguete   foguetinho

a) taça _____

b) balde _____

c) massa _____

d) balão _____

e) pássaro _____

f) anel _____

5 Observe as imagens e escreva o nome delas.

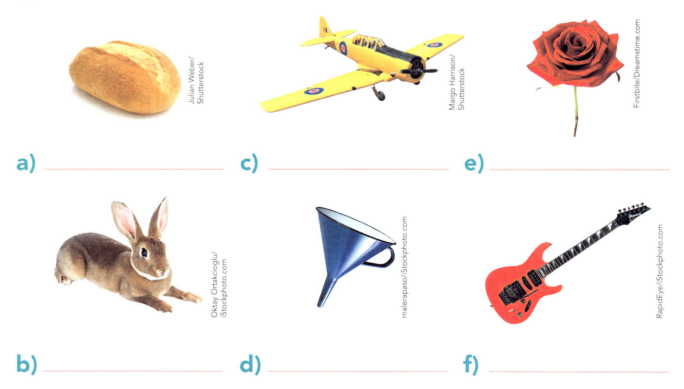

a) _____

c) _____

e) _____

b) _____

d) _____

f) _____

NOME: _____ DATA: _____

Atividades

ch
ch

1 Leia atentamente cada palavra a seguir.

chave	chega	chita
chapa	chefe	chocolate
chama	cheque	chumbo
chapéu	chegada	chupeta

2 Observe as imagens e complete as palavras com *cha*, *che*, *chi*, *cho* ou *chu*.

a) ___ve   c) ___veiro   e) con___

b) ___nelo   d) ___péu   f) ___calho

Língua Portuguesa 137

3 Observe a imagem e ligue-a à palavra correta.

- coelho
- chave
- chupeta

4 Separe as sílabas das palavras a seguir, conte-as e escreva o número ao lado. Veja o exemplo.

a) fechado   fe - cha - do   3

b) cachorro

c) chicote

d) bicho

5 Siga o exemplo.

a) a chuva   a chuvinha

b) a charrete

c) o chefe

d) o chinelo

6 Ordene as sílabas e escreva a palavra formada.

| va | cha | du | co te |
| chu | to | cha | la cho |

138   Língua Portuguesa

Atividades

ar er ir or ur

1) Leia atentamente cada palavra a seguir.

arco	verde	rir	ar
murcho	ler		mar
verdura	circo		curto
argola	comer		corda

2) Observe as imagens e complete as palavras com ar, er, ir, or ou ur.

a) ___co

b) cad___no

c) f___miga

d) c___co

e) c___ta

f) col___

Língua Portuguesa 139

3 Em cada linha, pinte o quadro que apresenta o nome da imagem.

arco	barbante	sorvete	subir
turma	martelo	formiga	surdo
cerca	forno	borboleta	mar
calor	farmácia	cerca	tartaruga

4 Siga o exemplo.

a) o jogador — os jogadores

b) a colher _____

c) o diretor _____

d) o ator _____

e) a verdura _____

f) a corda _____

g) o circo _____

h) o forno _____

i) o colar _____

Atividades

as es is os us

as es is os us

1 Leia atentamente cada palavra a seguir.

pasta	escova	isca
casca	escada	mosca
asno	espiga	biscoito
susto	disco	pesca

2 Observe as imagens e complete as palavras com *as*, *es*, *is*, *os* ou *us*.

a) rev____ta  c) ____cada e) v____tido

b) d____co  d) c____telo f) ____pada

3 Leia as palavras a seguir. Depois, copie-as com letra cursiva na coluna da tabela a que pertencem.

máscara   mosca   castelo   pista
ônibus   pasta   disco   rosca
espiga   festa   Fusca   busto
bosque   biscoito   cesta

as	es	is	os	us

4 Em cada linha, circule de **azul** a palavra que corresponde à imagem.

a) casca • escada • susto • pés

b) rosca • esmola • cisco • pasta

c) asma • cesta • escova • isca

d) biscoito • disco • Estela • cisca

NOME: _____ DATA: _____

Revisando tudo o que foi estudado

Vamos ouvir

Lua cheia de poesia
Mas que lua tão bonita!
Está clara como o dia,
Vaga-lume conta e pisca:
Está cheia é de poesia.

São Jorge ficou sabendo
E contou para o dragão,
Um bicho mal-humorado,
Que nem lhe deu atenção.

E dragão sabe poesia?
Ele é uma chatice.
Solta fogo até nas unhas,
Num chulé de esquisitice...
[...]

Neusa Sorrenti. *Lua cheia de poesia*. 2. ed. São Paulo: Editora do Brasil, 2010. p. 4-7.

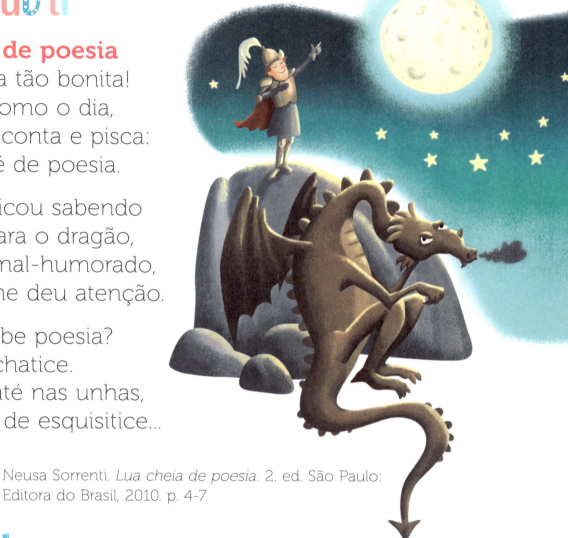

Atividades

1 Faça um **X** na resposta certa de acordo com o texto.

a) A lua está tão...

☐ feia. ☐ bonita. ☐ escura.

b) São Jorge ficou sabendo e contou para...

☐ o dragão. ☐ o vaga-lume. ☐ as estrelas.

c) O dragão solta fogo até pelas...

☐ ventas. ☐ mãos. ☐ unhas.

2 Observe a imagem e ligue-a à frase correta.

- A menina escova o cabelo.
- A menina escova os dentes.
- A menina come biscoito.

3 Siga o exemplo.

a) a espiga — as espigas

b) o martelo _____

c) a pasta _____

d) a cesta _____

e) o urso _____

f) o esquilo _____

g) a casca _____

h) o mosquito _____

i) a chave _____

j) a máscara _____

k) a chuteira _____

NOME: _____ DATA: _____

Atividades

az ez iz oz uz

az ez iz oz uz

1 Leia atentamente cada palavra a seguir.

paz   dez   luz   vez   veloz

cartaz   capuz   fez   feliz

rapaz   cuscuz   tenaz

2 Observe as imagens e complete as palavras com *az*, *ez*, *iz*, *oz* ou *uz*.

a) cap____

b) chafar____

c) nar____

d) cr____

e) d____

f) g____

Língua Portuguesa

3 Ordene as sílabas e escreva as palavras formadas.

| roz | ar | puz | ca |

_____   _____

4 Ordene as palavras e escreva, com letra cursiva, as frases formadas.

a) feijão. come Ana arroz e

_____

b) é rapaz Aquele feliz. muito

_____

c) cartaz paz. O pede

_____

5 Separe as sílabas das palavras a seguir, conte-as e escreva o número ao lado.

a) cartaz ☐ ☐ ☐
b) arroz ☐ ☐ ☐
c) perdiz ☐ ☐ ☐
d) rapaz ☐ ☐ ☐

146 **Língua Portuguesa**

Revisando tudo o que foi estudado

Atividades

1 Siga o exemplo.

a) capuz — capuz — capuzes
b) cartaz — _____ — _____
c) rapaz — _____ — _____
d) feliz — _____ — _____
e) luz — _____ — _____
f) cruz — _____ — _____

Vamos ouvir

Sabedoria de avestruz
O avestruz detesta monotonia.
Só pula-pula e correria,
assim vai passando os dias,
o tempo inteiro.

À noite mergulha a cabeça
Num buraco no terreiro
– para ver se o tempo
passa mais ligeiro.

Luís Pimentel. *Bicho solto*. São Paulo: Editora do Brasil, 1992. p. 10-11.

Língua Portuguesa

2 Complete as frases de acordo com o poema.

O _____ detesta monotonia.

Só pula-pula e _____,

assim vai _____ os dias,

o tempo _____.

3 Responda às questões.
a) Qual é o nome do poema?
_____

b) Qual é o nome do autor do texto?
_____

c) De que animal fala o texto?
_____

d) Você já viu esse animal? Onde?
_____
_____

e) De acordo com o texto, o que esse animal costuma fazer à noite?
_____
_____

f) Por que ele faz isso?
_____
_____

148 Língua Portuguesa

NOME: _____ DATA: _____

Atividades

| br cr dr fr gr pr tr vr |
| br cr dr fr gr pr tr vr |

1 Leia atentamente cada palavra a seguir.

abraço   criança   fraco   primo

bruxa   quadro   cofre   trem

livre   madrinha   frio   fruta

2 Observe as imagens e complete as palavras com cr, dr, gr, pr ou tr.

a)  ___avo

c) ___agão

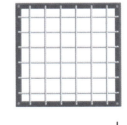
e) ___ade

b) ___avata

d) ___ato

f) ___ator

Vamos ouvir

Trava-língua

A cruel criatura cometeu um grande crime: entrou na casa e devorou três vitrolas, pregou trinta pregos no vitrô, trançou o tricô da Cremilda e estragou treze tortas de creme. Cruz-credo!

Eva Furnari. *Travadinhas*. São Paulo: Moderna, 1997. p. 7.

3 Complete as frases de acordo com o texto.

A cruel _____ cometeu um grande crime: entrou na casa e devorou três _____, pregou trinta _____ no vitrô, trançou o _____ da Cremilda e estragou treze _____ de creme. Cruz-_____!

NOME: _____ DATA: _____

Atividades

bl cl fl gl pl tl

bl cl fl gl pl tl

1 Leia atentamente cada palavra a seguir.

flanela   placa   classe   glutão

atlas   planta   nublado

atleta   clube   flutua   planeta

2 Observe as imagens e complete as palavras com *bl, fl, gl* ou *pl*.

a) ____echa

c) ____aca

e) ____usa

b) ____obo

d) ____oco

f) i____u

Língua Portuguesa 151

3 Ordene as sílabas e escreva a palavra formada.

a) cha | fle _____

b) bli | me | ma _____

c) tle | a | ta _____

d) bo | glo _____

e) ma | plu _____

f) fli | to | a _____

4 Observe as imagens e complete o diagrama de palavras.

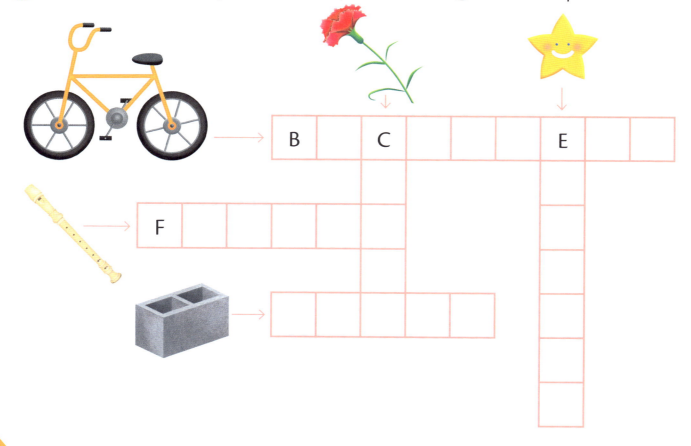

NOME: _____ DATA: _____

Revisando tudo o que foi estudado

Vamos ouvir

Beija-flor

Beija-flor pequenininho
que beija a flor com carinho
me dá um pouco de amor,
que hoje estou tão sozinho...
Beija-flor pequenininho,
é certo que não sou flor,
mas eu quero um beijinho
que hoje estou tão sozinho...

Beija-flor. Roseana Murray. In: Vera Aguiar (Coord.). *Poesia fora da estante*. 18. ed. Porto Alegre: Projeto, 2010. p. 81.

Atividades

1 Copie as palavras do texto que rimam com:

a) beija-flor: _____

b) pequenininho: _____

2 Escreva palavras com as sílabas a seguir.

a) fla _____

b) glo _____

c) plu _____

Língua Portuguesa

3 Ordene as palavras e escreva, com letra cursiva, as frases formadas.

a) o quebrou. O braço atleta

_____

b) ganhou Mamãe um cravo.

_____

4 Separe as sílabas das palavras a seguir, conte-as e escreva o número ao lado.

a) cravo _____ ☐

b) planeta _____ ☐

c) tromba _____ ☐

d) flecha _____ ☐

e) prego _____ ☐

f) crocodilo _____ ☐

g) capricho _____ ☐

h) globo _____ ☐

i) trabalho _____ ☐

j) atlas _____ ☐

k) palavra _____ ☐

Língua Portuguesa

NOME: _____ DATA: _____

Números até 10

1 um
1 um

Atividades

1 Cubra o tracejado do número 1 e copie-o.

1 1 1 1 1 1 1 1 1 1

1 1 1 1 1 1 1 1 1 1

2 Encontre o número **1** na imagem a seguir e circule-o.

3 Cubra o número e ligue-o à quantidade de elementos que ele representa.

1

NOME: _____ DATA: _____

2 dois
2 dois

Atividades

1 Cubra o tracejado do número 2 e copie-o.

2 Pinte na amarelinha o quadro com o número **2**.

Matemática

3 Conte quantas bolinhas há nesta peça de dominó e escreva no quadro o número correspondente a essa quantidade.

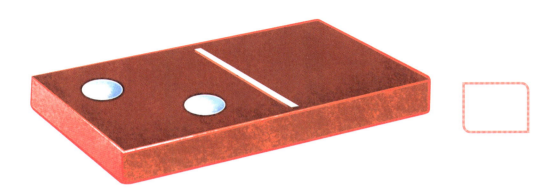

4 Conte os elementos de cada grupo e ligue-os ao número que lhes corresponde.

5 Cubra o tracejado dos números e escreva-os.

 NOME: _____ DATA: _____

| 3 três |
| 3 três |

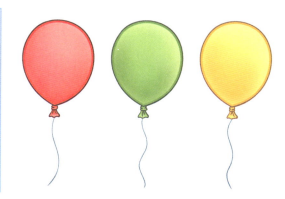

Atividades

1 Cubra o tracejado do número 3 e copie-o.

3 3 3 3 3 3 3 3 3
3 3 3 3 3 3 3 3 3

___ ___ ___ ___ ___ ___ ___ ___ ___

2 Conte quantas crianças estão brincando e escreva o número no quadro.

Matemática 159

3 Pinte **3** bonecas.

4 Pinte a casinha que contém o número **3**.

5 Cubra o tracejado dos números e escreva-os.

3

6 Conte os itens de cada grupo e escreva o número no quadro.

NOME: _____ DATA: _____

4 quatro
4 quatro

Atividades

1 Cubra o tracejado do número 4 e copie-o.

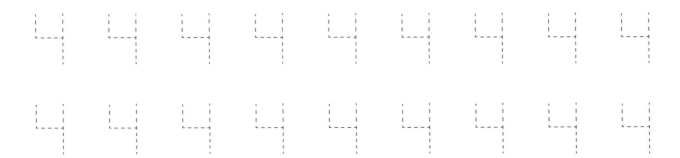

2 Conte quantos balões a menina segura e escreva o número no quadro.

Matemática 161

3 Risque o número **4** nos relógios a seguir.

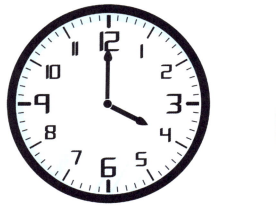

4 Cubra o tracejado dos números e escreva-os.

1

2

3

4

5 Em cada quadro, desenhe bolinhas na quantidade pedida.

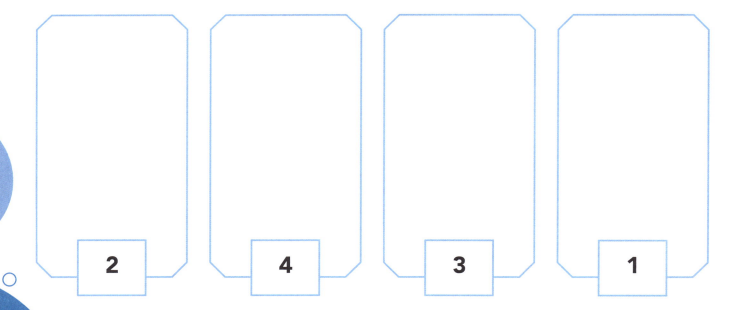

162 **Matemática**

 NOME: _____ DATA: _____

5 cinco

5 cinco

Atividades

1 Cubra o tracejado do número 5 e copie-o.

5 5 5 5 5 5 5 5 5
5 5 5 5 5 5 5 5 5

---

2 Conte quantos patinhos estão na lagoa e escreva o número no quadro. Depois, pinte a cena.

Matemática 163

3 Continue numerando a faixa que o avião carrega.

4 Cubra o tracejado dos números e escreva-os.

5 Em cada quadro, desenhe objetos na quantidade pedida.

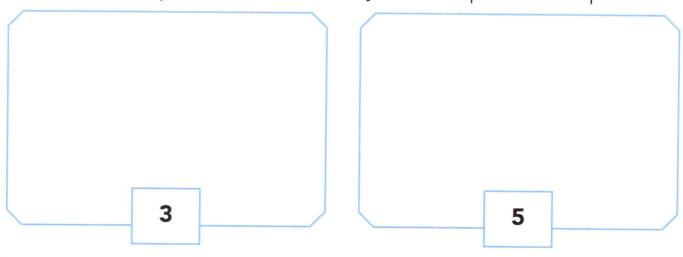

NOME: _____ DATA: _____

6 seis
6 seis

Atividades

1 Cubra o tracejado do número **6** e copie-o.

6 6 6 6 6 6 6 6 6
6 6 6 6 6 6 6 6 6

2 Conte os brinquedos de Lucas e escreva o número no quadro.

Matemática 165

3 Cubra o tracejado dos números e escreva-os.

1

2

3

4

5

6

4 Ligue cada dado ao número que lhe corresponde.

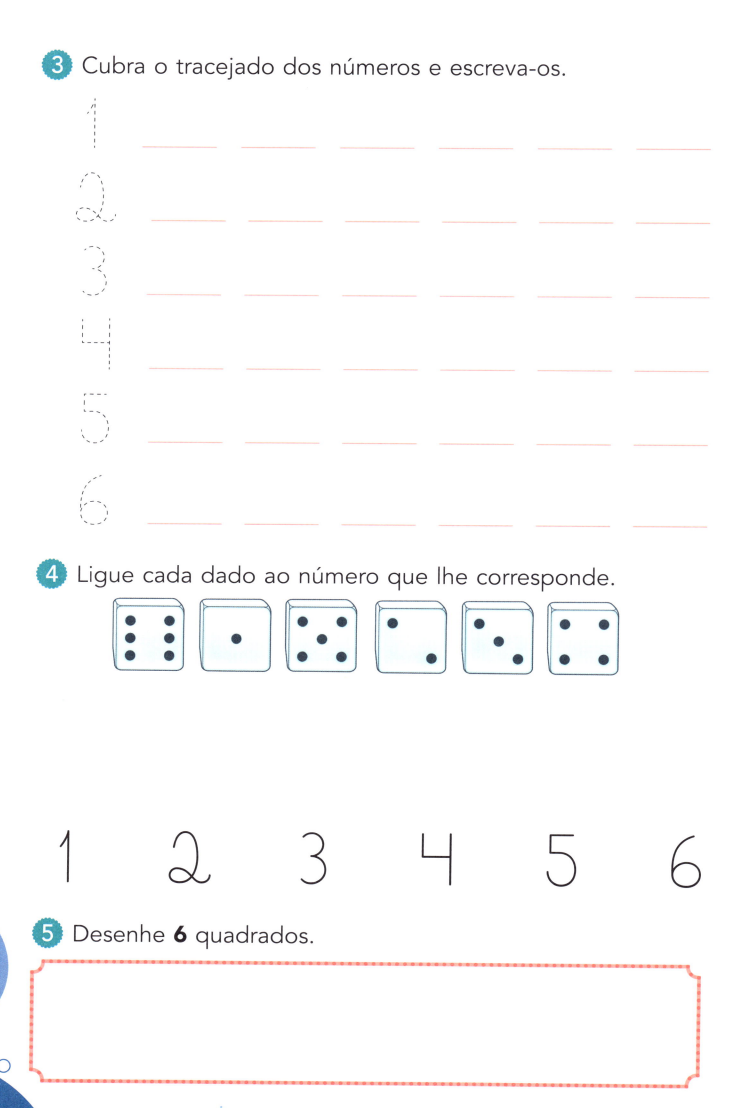

1 2 3 4 5 6

5 Desenhe **6** quadrados.

NOME: _____ DATA: _____

7 sete

7 sete

Atividades

1 Cubra o tracejado do número **7** e copie-o.

7 7 7 7 7 7 7 7 7 7

7 7 7 7 7 7 7 7 7 7

2 Pinte o barquinho que apresenta o número **7**.

Matemática

3 Desenhe os **7** ovos que a galinha botou.

4 Cubra o tracejado dos números e escreva-os.

5 Conte os animais de cada grupo e escreva o número no quadro.

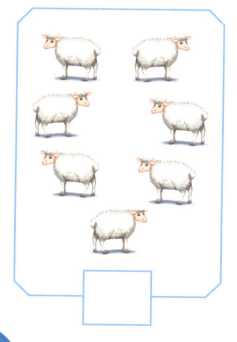
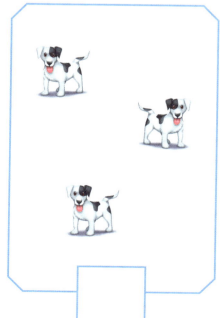
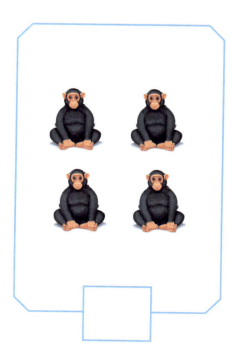

 NOME: _____ DATA: _____

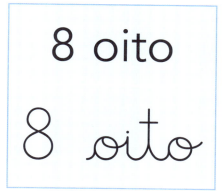

8 oito

8 oito

Atividades

1 Cubra o tracejado do número 8 e copie-o.

8 8 8 8 8 8 8 8 8

8 8 8 8 8 8 8 8 8

2 Conte os pinos de boliche e escreva o número no quadro.

Matemática 169

3 Pinte o quadro que contém o número que indica sua idade.

| 1 | 2 | 3 | 4 | 5 | 6 | 7 | 8 |

4 Cubra o tracejado dos números e escreva-os.

5

6

7

8

5 Em cada quadro, desenhe elementos na quantidade pedida.

8

6

7

3

NOME: _____ DATA: _____

9 nove

9 nove

Atividades

1 Cubra o tracejado do número 9 e copie-o.

9 9 9 9 9 9 9 9 9

9 9 9 9 9 9 9 9 9

---

2 Conte quantas crianças estão brincando de cabra-cega e escreva o número no quadro.

Matemática 171

3 Cubra o tracejado dos números e escreva-os.

6

7

8

9

4 Ligue cada número ao conjunto que lhe corresponde.

9

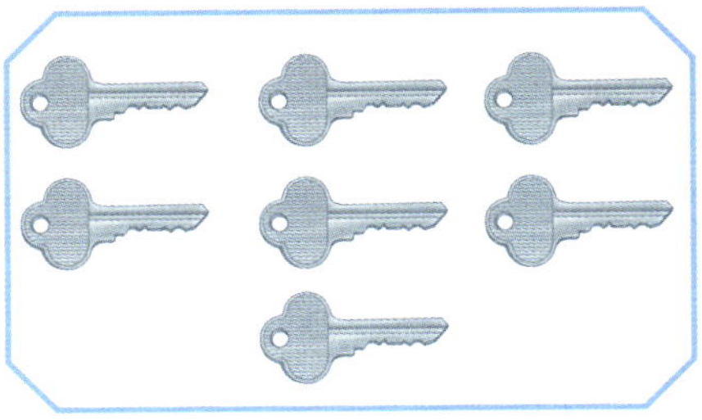

8

7

6

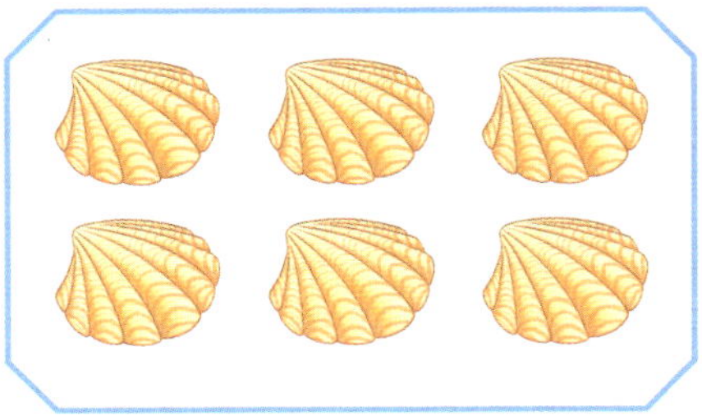

NOME: _____ DATA: _____

0 zero

0 zero

A ausência de elementos é representada pelo número **0** (zero).

Atividades

1 Cubra o tracejado do número 0 e copie-o.

_____

2 Conte os elementos de cada grupo e escreva o número no quadro.

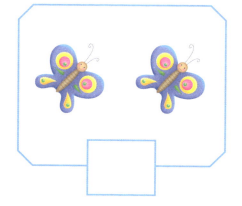
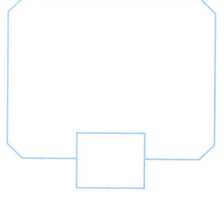
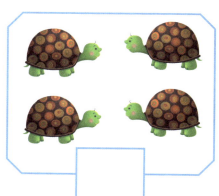

3 Ligue os quadros que apresentam a mesma quantidade de elementos.

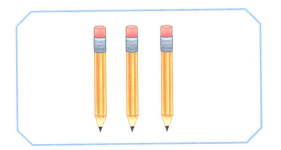

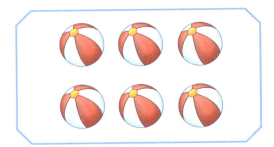

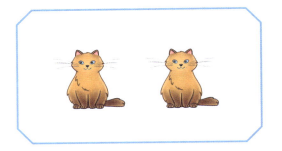

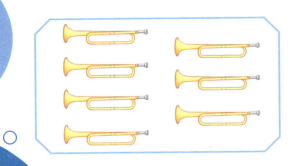

NOME: _____ DATA: _____

10 dez

10 dez

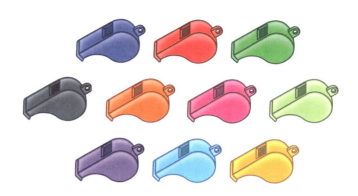

Atividades

1 Cubra o tracejado do número **10** e copie-o.

10 10 10 10 10 10 10 10

10 10 10 10 10 10 10 10

_____

2 Conte quantas crianças estão brincando e escreva o número no quadro.

Matemática

3 Cubra o tracejado dos números e escreva-os.

4 Conte os foguetes. Depois, ligue o quadro ao número que lhe corresponde.

• 10

• 9

• 8

5 Continue desenhando até completar **10** bolas.

NOME: _____ DATA: _____

Dezena e meia dezena
Atividades

1 Conte os lápis de cada caixa e circule aquela que contém **uma dezena** de lápis.

2 Desenhe **meia dezena** de flores na jardineira.

3 Pinte na trilha a seguir o número que representa **uma dezena** e circule o que representa **meia dezena**.

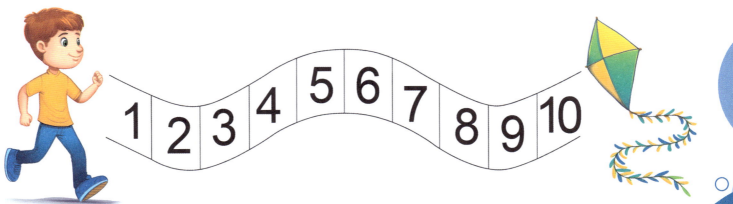

Matemática 177

Sinais de = e ≠

Atividades

1 Conte os elementos de cada grupo e escreva o número no quadro. Depois, use o sinal = para indicar quantidades iguais e o sinal ≠ para indicar quantidades diferentes.

2 Observe os números e use os sinais = ou ≠ corretamente.

a) 4 __ 6   c) 2 __ 2   e) 2 __ 8

b) 10 __ 5   d) 7 __ 7   f) 3 __ 1

NOME: _____ DATA: _____

Conjunto vazio e conjunto unitário

Atividades

1 Faça um **X** no **conjunto vazio**.

2 Marque com uma ● o **conjunto unitário**.

3 Observe cada conjunto e classifique-o em **VAZIO** ou **UNITÁRIO** de acordo com a quantidade de elementos que ele apresenta.

a) _____ c) _____

 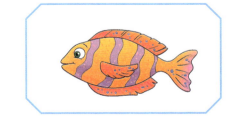

b) _____ d) _____

Matemática 179

Sinal de U (união)

Atividade

1 Conte os elementos e faça a união dos conjuntos.

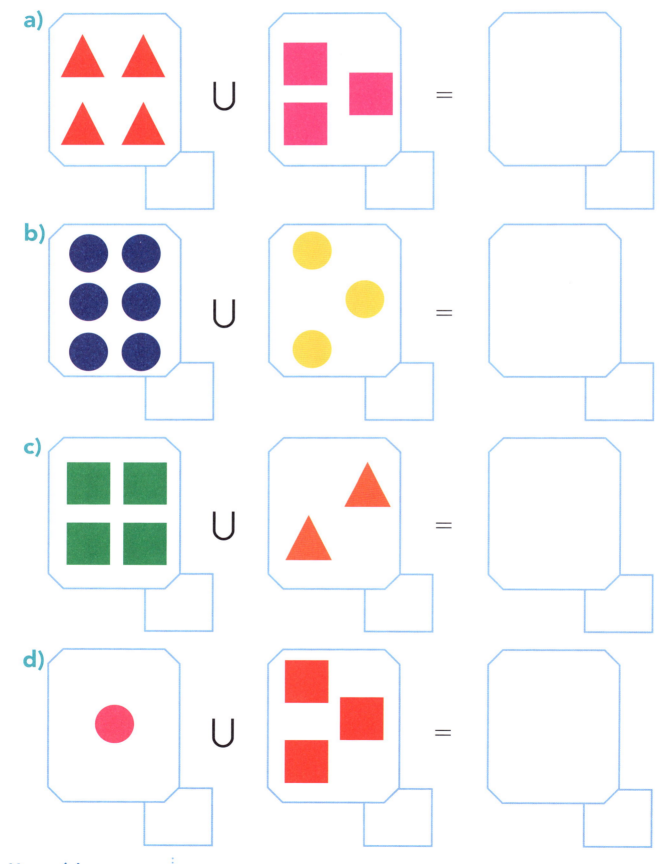

Sistema decimal

Atividades

1 Conte os quadrinhos e escreva os números corretos. Veja o exemplo.

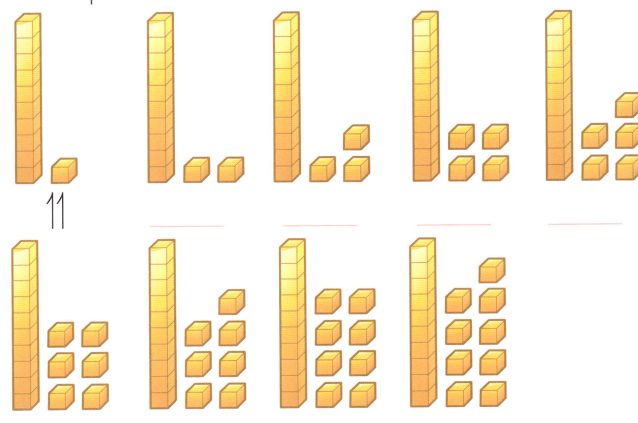

11

2 Escreva os vizinhos dos números a seguir.

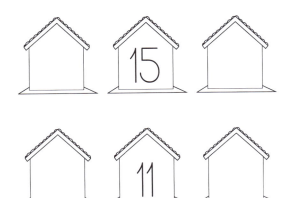

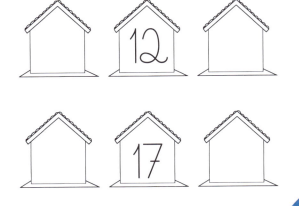

Sequência até 30

Atividade

1 Leve a menina até os colegas pintando os quadrinhos na sequência numérica de **1** a **30**.

1	2	3	4	5	10
0	2	3	5	8	9
16	8	7	6	7	10
24	17	16	15	12	11
15	18	3	14	13	12
10	19	20	21	22	30
28	26	25	24	23	19
24	27	28	29	30	

NOME: _____ DATA: _____

O sinal de mais (+)
Atividades

1 Conte os elementos e faça a união dos conjuntos.

a) 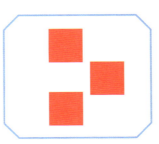 U  =

____ + ____ = ____

b) 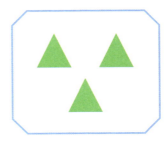 U 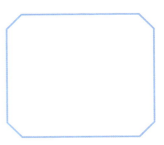 =

____ + ____ = ____

2 Faça a união dos conjuntos e registre a adição.

a)

____ + ____ = ____

b)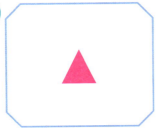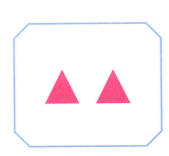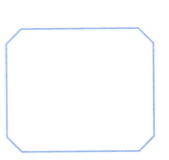

____ + ____ = ____

Matemática 183

Sequência até 40

Atividades

1 Ligue os pontos na sequência numérica de **1** a **40** e descubra o objeto.

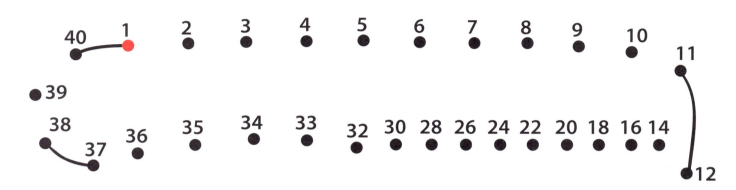

2 Escreva o número que vem logo **depois** dos números indicados.

a) 29 ____   c) 33 ____   e) 39 ____

b) 12 ____   d) 19 ____   f) 36 ____

3 Escreva o número que está **entre** os números indicados.

a) 16 ____ 18   d) 5 ____ 7

b) 19 ____ 21   e) 27 ____ 29

c) 0 ____ 2   f) 38 ____ 40

NOME: _____ DATA: _____

Problemas de adição

Atividade

1 Observe as imagens e resolva os problemas a seguir.

a) André tem **1** boneco e **2** carrinhos. Quantos brinquedos ele tem?

☐ + ☐ = ☐

b) Rita tem **2** petecas e Marcos tem **3** aviões. Quantos brinquedos os dois têm juntos?

☐ + ☐ = ☐

Matemática 185

Número por extenso até 5

Atividades

1 Leia cada palavra e ligue-a ao número que a representa.

2 Conte as bolinhas do dominó e escreva o nome do número que representa essa quantidade.

   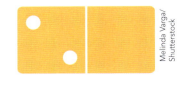

NOME: _____ DATA: _____

Dúzia e meia dúzia

Atividades

1 Os macacos querem comer bananas. Encontre na cena **uma dúzia** de bananas e pinte-as.

2 Vamos ajudar vovô Antônio a fazer um suco? Desenhe **meia dúzia** de laranjas próximo a ele.

3 Risque o número que representa **meia dúzia** e circule o que representa **uma dúzia**.

3   6   8   10   12   15

Matemática 187

4 Pinte **meia dúzia** de pães.

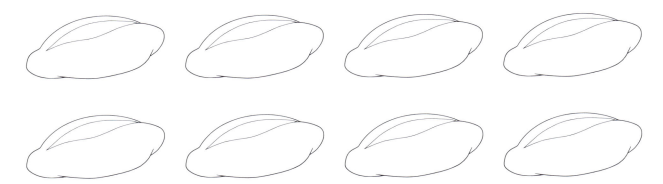

5 Resolva o problema a seguir desenhando e escrevendo a resposta no quadro.

- Alice comprou **uma dúzia** de rosquinhas. Quantas rosquinhas ela comprou?

6 Desenhe na tigela **uma dúzia** de ovos.

Problemas de adição

Atividade

1 Resolva os problemas a seguir.

a) Júlia comeu _____ e  _____.

Quantos docinhos Júlia comeu?

Resposta: Júlia comeu _____ docinhos.

b) Márcio fez  _____ e  _____.

Quantas pipas Márcio fez?

Resposta: Márcio fez _____ pipas.

c) Pedro tem  _____ e  _____.

Quantos brinquedos Pedro tem?

Resposta: Pedro tem _____ brinquedos.

d) A gatinha de Ana Clara teve filhotes. Nasceram  _____ e _____. Quantos gatinhos nasceram?

Resposta: Nasceram _____ gatinhos.

Sequência até 50

Atividades

1 Ajude Daniel a completar a sequência numérica de **1** a **50**.

| 1 | 2 | | | | | | | 10 | 11 |

| 12 | | | | | | 19 | | | | 24 | 25 | |

| 27 | | | | 31 | | | | | | 38 | | | |

| 42 | | | | | | | 49 | |

2 Escreva o número que vem **antes** dos números indicados.

a) ____ 40   d) ____ 42   g) ____ 44

b) ____ 46   e) ____ 48   h) ____ 50

c) ____ 24   f) ____ 31   i) ____ 17

3 Escreva o número que está **entre** os números indicados.

a) 41 ____ 43   d) 3 ____ 5

b) 22 ____ 24   e) 10 ____ 12

c) 15 ____ 17   f) 36 ____ 38

Problemas de adição

Atividade

1 Resolva os problemas a seguir.

a) Na lista de materiais da escola de Beatriz foram pedidos _____ e _____. Quantos materiais foram pedidos ao todo?

Sentença matemática   Cálculo

Resposta: Foram pedidos _____ materiais.

b) No zoológico, Marina viu  _____ e _____. Quantos animais Marina viu?

Sentença matemática   Cálculo

Resposta: Marina viu _____ animais.

Matemática

Sequência até 60

Atividades

1 Complete a sequência numérica de **50** a **60** para ajudar o sapo a atravessar a lagoa.

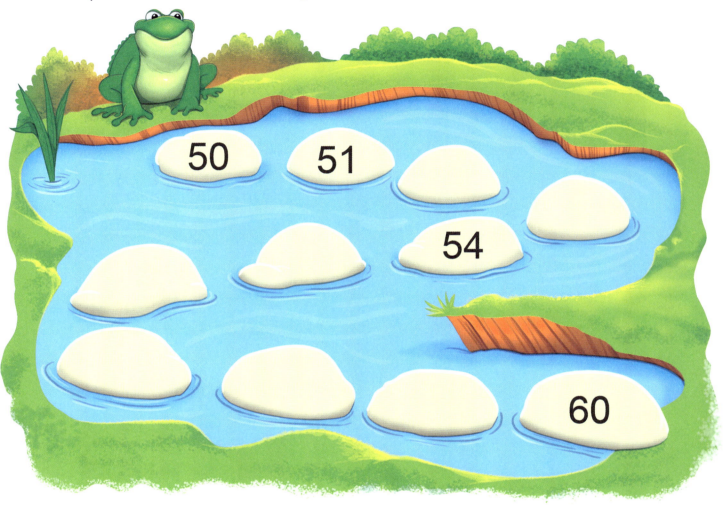

2 Escreva o número que está **entre** os números indicados.

a) 49 ___ 51

b) 53 ___ 55

c) 58 ___ 60

d) 56 ___ 58

3 Escreva o número que vem logo **depois** dos números indicados.

a) 51 ___

b) 54 ___

c) 56 ___

Números ordinais

Atividades

1 As crianças estão na fila da merenda. Pinte-as de acordo com a classificação a seguir.

a) De **vermelho**, a 1ª criança.

b) De **verde**, a 2ª criança.

c) De **azul**, a 3ª criança.

2 Circule apenas as crianças que seguram placas com números ordinais.

Matemática

Sequência até 70

Atividades

1 Complete a sequência numérica de **51** a **70**.

2 Escreva os números que faltam.

a) 10 ____ ____

b) 41 ____ ____

c) 37 ____ ____

d) 8 ____ ____

e) 25 ____ ____

f) 68 ____ ____

NOME: _____ DATA: _____

Números romanos

Atividades

1 Ligue o número romano ao algarismo que corresponde a ele.

I •   • 3

II •   • 5

III •   • 1

IV •   • 2

V •   • 4

2 Circule o livro que está aberto no capítulo **3**.

3 Escreva os números a seguir utilizando a numeração romana.

1 ☐   2 ☐   3 ☐   4 ☐   5 ☐

4 Reescreva os números romanos a seguir em ordem crescente.

III   II   V   IV   I

Matemática 195

Sequência até 80

Atividade

1 Ligue os pontos seguindo a sequência numérica de **1** a **80** e descubra a imagem escondida. Depois, pinte-a.

Subtração

Atividades

1 Resolva os problemas a seguir.

a) A professora Cristina estava contando histórias para **6** crianças.

- Quando terminou, **2** crianças saíram da sala.

- Quantas crianças permaneceram na sala? Escreva a resposta no quadrinho a seguir.

b) Mônica foi a uma doceria e comprou  _____. Ao chegar em casa, comeu _____. Quantos bombons restaram?

Resposta: Restaram _____ bombons.

c) Tiago tinha _____ e deu _____ à irmã dele. Com quantas figurinhas ele ficou?

Resposta: Tiago ficou com _____ figurinhas.

2 Calcule e registre as subtrações.

a) Havia **8** crianças dançando quadrilha, porém **2** delas foram embora. Quantas crianças restaram na dança?

Sentença matemática: _____ − _____ = _____

Resposta: Restaram _____ crianças na dança.

b) Clara tinha **3** lápis de cor, porém perdeu **1** lápis. Quantos lápis restaram?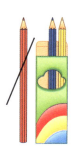

Sentença matemática: _____ − _____ = _____

Resposta: Restaram _____ lápis.

NOME: _____ DATA: _____

Contando de 2 em 2

Atividades

1 Continue pintando de **2** em **2** os números da trilha. Os primeiros quadrinhos já estão pintados como exemplo.

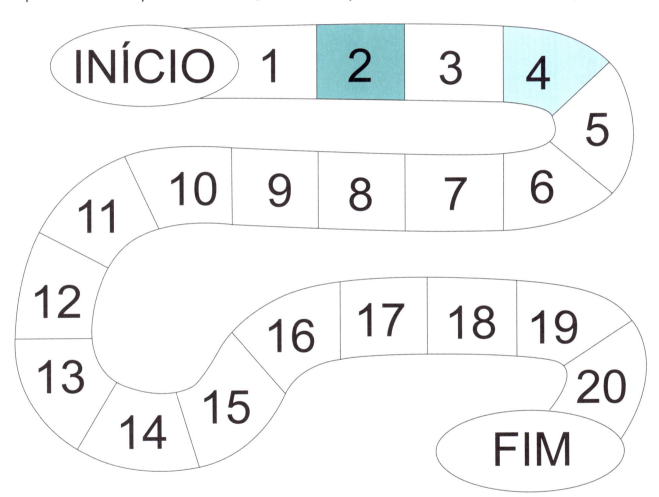

2 Calcule as adições com atenção.

a) $\begin{array}{r} 2 \\ +\ 2 \\ \hline \end{array}$

b) $\begin{array}{r} 4 \\ +\ 2 \\ \hline \end{array}$

c) $\begin{array}{r} 6 \\ +\ 2 \\ \hline \end{array}$

d) $\begin{array}{r} 8 \\ +\ 2 \\ \hline \end{array}$

Matemática

Contando de 5 em 5

Atividades

1 Ajude o pirata a chegar ao tesouro. Para isso, siga pelo caminho numerado de **5** em **5**.

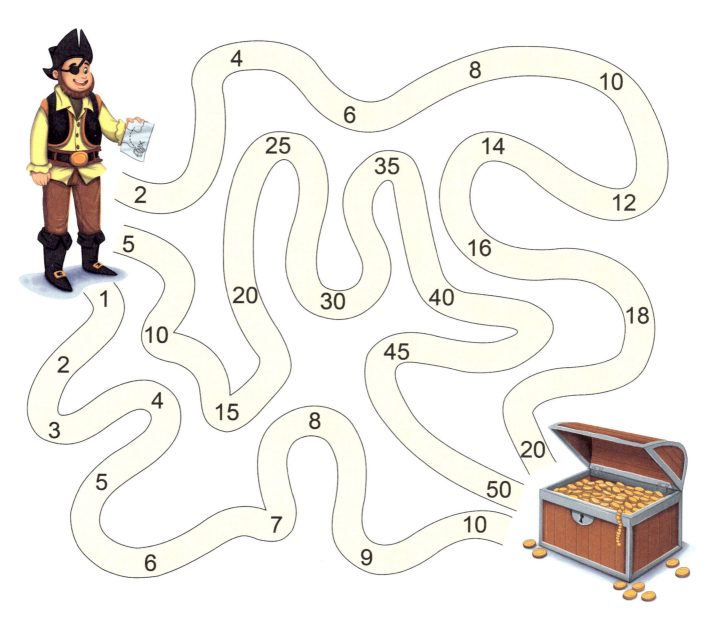

2 Calcule as adições com atenção.

a)
　5
+ 1
―――

b)
　5
+ 2
―――

c)
　5
+ 4
―――

d)
　5
+ 5
―――

Números por extenso até 10

Atividades

1) Leia e escreva o número utilizando algarismos.

a) cinco

b) oito

c) seis

d) nove

e) sete

f) dez

2) Escreva os números por extenso utilizando as palavras do quadro a seguir.

> um   dois   três   quatro   cinco
> seis   sete   oito   nove   dez

a) 5 _____

b) 1 _____

c) 9 _____

d) 6 _____

e) 8 _____

f) 3 _____

g) 7 _____

h) 4 _____

i) 2 _____

j) 10 _____

Sequência até 90

Atividades

1 Complete a sequência numérica de **71** a **90** para ajudar a mamãe urso a encontrar seu filhote.

2 Escreva o número que está **entre** os números indicados.

a) 55 ___ 57
b) 79 ___ 81
c) 17 ___ 19
d) 68 ___ 70
e) 88 ___ 90
f) 81 ___ 83

Problemas de subtração

Atividade

1 Calcule e registre as subtrações.

a) _____ − _____ = _____

b) _____ − _____ = _____

c) _____ − _____ = _____

d) _____ − _____ = _____

Sequência até 100

Atividades

1 Complete a sequência numérica de **71** a **100**.

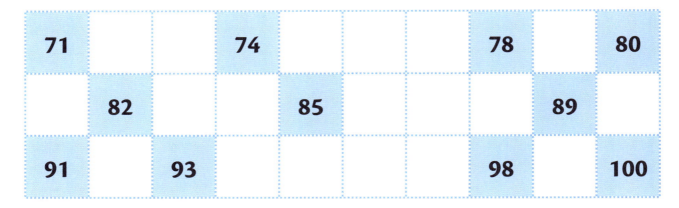

2 Escreva o número que está **entre** os números indicados.

a) 90 _____ 92

b) 89 _____ 91

c) 97 _____ 99

d) 98 _____ 100

3 Ligue os pontos na sequência numérica de **70** a **100** e descubra a figura.

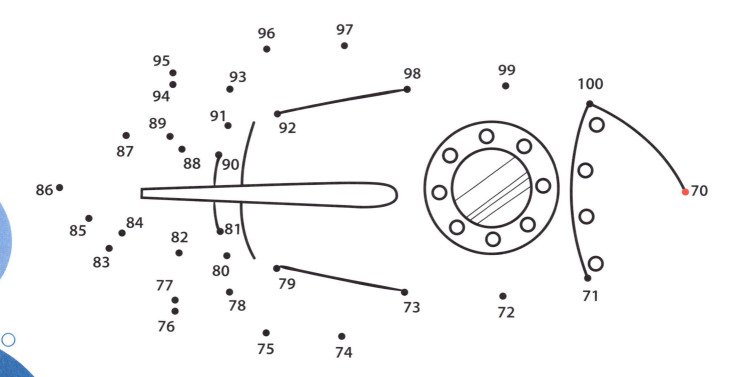

Dias da semana

Atividades

1 Escreva no calendário a seguir o mês de seu aniversário e pinte o dia em que você nasceu.

Mês:

1	2	3	4	5	6	7
8	9	10	11	12	13	14
15	16	17	18	19	20	21
22	23	24	25	26	27	28
29	30	31				

2 Pesquise em um calendário atual o dia da semana em que estamos e escreva-o a seguir.

_____

3 Numere os dias da semana na ordem correta.

1º 2º 3º 4º 5º 6º 7º

terça-feira   sábado   segunda-feira   quarta-feira

sexta-feira   domingo   quinta-feira

Matemática

Problemas de subtração

Atividades

1 Resolva os problemas a seguir.

a) Joana tinha 🎈🎈🎈🎈🎈 _____. Voaram 🎈🎈 _____. Com quantas bexigas ela ficou?

Sentença matemática

Cálculo

Resposta: Ela ficou com _____ bexigas.

b) Dona Lilá fez 🧁🧁🧁🧁🧁🧁 _____. Seu neto comeu 🧁🧁🧁 _____. Quantas empadinhas sobraram?

Sentença matemática

Cálculo

Resposta: Sobraram _____ empadinhas.

c) Arthur foi à feira e comprou 🥚🥚🥚🥚🥚🥚🥚🥚🥚🥚 _____. No caminho, 🥚🥚🥚🥚🥚 _____ quebraram. Quantos ovos sobraram?

Sentença matemática

Cálculo

Resposta: Sobraram _____ ovos.

Nome: _____ Data: _____

Medida de comprimento

O metro

Atividades

1 Circule o instrumento que Caio utilizou para medir a altura dele.

EU TENHO 1,12 M DE ALTURA

2 Pinte tudo que é comprado utilizando o metro.

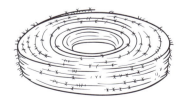
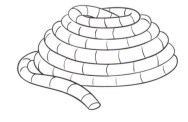

Matemática 207

Sequência até 110

Atividades

1 Complete a sequência numérica de **90** a **110**.

90			93			
	98		100			103
104				108		

2 Escreva o número que está **entre** os números indicados.

a) 99 _____ 101

b) 104 _____ 106

c) 106 _____ 108

d) 108 _____ 110

3 Escreva o número que vem logo **depois** dos números indicados.

a) 102 _____

b) 109 _____

c) 108 _____

d) 103 _____

e) 107 _____

f) 105 _____

4 Encontre os números iguais e pinte-os com a mesma cor.

107   109   97   101   110

97   110   101   107   109

Medida de massa

Atividades

1 Circule o instrumento que Lorena utilizou para medir o "peso" de sua mochila.

MINHA MOCHILA PESA 2 QUILOS

2 Pesquise em sua casa alguns produtos que foram comprados por quilo e registre o nome deles a seguir.

_____

_____

3 Ligue o produto ao instrumento adequado para medi-lo.

Matemática 209

Sequência até 150

Atividades

1 Ligue os pontos na sequência numérica de **100** a **150** e descubra a figura.

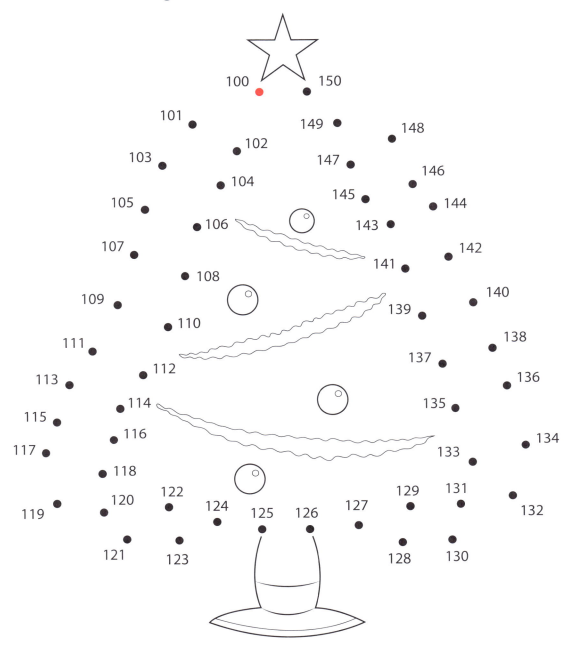

2 Escreva o número que está **entre** os números indicados.

a) 115 _____ 117

b) 130 _____ 132

c) 119 _____ 121

d) 147 _____ 149

NOME: _____ DATA: _____

Medida de capacidade

Atividades

1 Circule o instrumento que Dona Vera utilizará para medir o leite.

PARA ESTA RECEITA SERÁ PRECISO 1 LITRO DE LEITE.

2 Marque com um **X** os produtos que compramos por litro.

Matemática 211

Dinheiro

Atividades

1 Faça a correspondência entre as palavras e as imagens ligando-as.

a) moeda •   •

b) cédula •   •

2 Pinte o quadro com o nome do dinheiro utilizado em nosso país.

| libras | real | dólar |

3 Circule as cédulas que você precisaria ter para comprar esta boneca.

R$ 25,00

212 Matemática

NOME: _____ DATA: _____

Quem sou eu

Atividades

1 Quem é você? Complete os espaços a seguir.

Meu nome é _____.

Tenho _____ anos.

Peso _____ quilos.

Tenho _____ metro de altura.

2 Faça seu autorretrato.

História

3 Dos itens abaixo, assinale as coisas de que você mais gosta.

a) Alimentação

- [ ] fruta
- [ ] sorvete
- [ ] chocolate
- [ ] verdura
- [ ] pipoca
- [ ] batata frita
- [ ] legumes
- [ ] bolo
- [ ] suco

b) Lazer

- [ ] ler
- [ ] pintar
- [ ] ver filmes
- [ ] desenhar
- [ ] brincar
- [ ] ir à praia

4 Responda às questões.

a) Qual é sua história favorita?

_____

b) Qual é o nome de seu melhor amigo?

_____

5 Desenhe seu brinquedo favorito.

NOME: _____ DATA: _____

Documentos

A Certidão de Nascimento é um documento que contém dados importantes sobre quem você é.

Atividade

1. Complete a Certidão de Nascimento a seguir com seus dados pessoais.

História 215

Outros documentos

 Existem outros documentos também importantes para sua vida.

Atividades

1) Observe os documentos a seguir e circule os que você possui.

a)
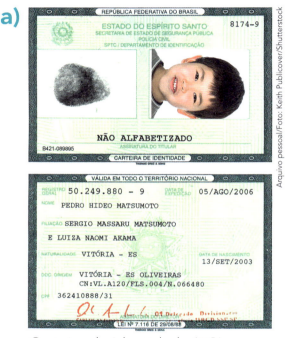
Carteira de Identidade (RG).

c)
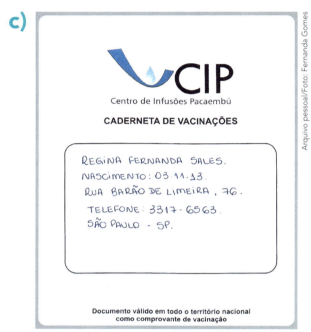
Carteira de Vacinação.

b)

Carteira de Estudante.

d)

Passaporte.

2) Pesquise em seus documentos o município onde você nasceu e escreva o nome dele a seguir.

_____

_____

# Família

NOME: _____ DATA: _____

Sua família faz parte da história de sua vida.

Atividades

1 Desenhe as pessoas que fazem parte de sua família e escreva o nome delas.

2 Siga a linha e descubra a família de cada criança. Use um lápis de cor diferente para cada traçado.

História 217

Parentes

Almanaque da Magali, n. 39, São Paulo: Abril, jun. 2013. p. 42.

- E você, tem parentes?

Atividades

1 Pesquise, com a ajuda de um adulto, o nome de seus parentes e registre-os a seguir.

a) Nome de tios ou tias.

b) Nome de avôs ou avós.

c) Nome de primos ou primas.

2 Observe estas personagens e escreva abaixo o grau de parentesco entre elas.

Almanaque da Magali, n. 31, p. 78.

NOME: _____ DATA: _____

Escola

Escola é um lugar onde se aprendem e se ensinam muitas coisas.

Atividades

1 Como é sua escola? Desenhe-a e escreva o nome dela.

Escola: _____

2 Faça um **X** no que existe em sua escola.

a)

d)

b)

e)

c)

f)

Escolas de antigamente

Atividade

1 Observe as imagens a seguir, compare-as e converse com os colegas e o professor sobre as mudanças e as permanências percebidas. Depois, marque um **X** na imagem que representa uma escola de antigamente.

a)

b)

História 221

As pessoas que trabalham na escola

Em uma escola trabalham muitos profissionais. Você conhece todos os profissionais que trabalham em sua escola?

Atividade

1 Marque um **X** nos profissionais que trabalham em sua escola. Depois, escreva o nome deles com a ajuda do professor.

a)

d)

b)

e)

c)

f)

NOME: _____ DATA: _____

Observando e cuidando do ambiente

Brincando, as crianças exploram, observam o ambiente onde estão e aprendem a cuidar dele.

Atividades

1) Observe a cena e pinte a roupa das crianças seguindo as instruções abaixo.

a) **Azul** – menino que está **atrás** da árvore.

b) **Verde** – menina que está **em cima** do galho da árvore.

c) **Amarelo** – menino que está **na frente** da árvore.

d) **Rosa** – menina que está **à direita** do escorregador.

e) **Laranja** – menino que está **à esquerda** do escorregador.

Geografia 223

2 Marque um **X** nas cenas em que as pessoas estão cuidando do ambiente.

a)

b)

c)

d)

Moradias

As moradias não são iguais. Elas podem variar no tamanho, na quantidade de cômodos, nos materiais de que são feitas etc.

Atividades

1 Como é o lugar onde você mora? Circule a opção apropriada para descrevê-lo.

CASA   APARTAMENTO   OCA   OUTROS

2 Escreva o número de sua moradia no quadro a seguir.

3 Faça um desenho que represente sua moradia.

Geografia

4 Observe as moradias a seguir e ligue-as aos materiais de que foram feitas.

5 Recorte de jornais, revistas ou panfletos imagens de diferentes tipos de moradias e cole-as em uma folha à parte.

As moradias são divididas em cômodos

Atividade

1. Observe as divisões de uma casa vista de cima, sem o telhado, e pinte os cômodos dela seguindo as cores da legenda.

SALA — QUARTOS — COZINHA — BANHEIRO

Geografia

Ruas

Vamos cantar

Se esta rua, se esta rua fosse minha
Eu mandava, eu mandava ladrilhar
Com pedrinhas, com pedrinhas de brilhante
Para o meu, para o meu amor passar.

Cantiga.

Atividades

1 Qual é o nome da rua onde você mora?

_____

2 Observe a rua onde você mora e marque um **X** nas características dela. Se desejar, complete a lista com outros elementos.

- ☐ É larga.
- ☐ É estreita.
- ☐ É asfaltada.
- ☐ Não é asfaltada.
- ☐ Tem calçamento.
- ☐ Não tem calçamento.
- ☐ Tem postes de iluminação.
- ☐ Não tem postes de iluminação.
- ☐ Nela passam veículos.
- ☐ Nela não passam veículos.
- ☐ É arborizada.
- ☐ Não é arborizada.
- ☐ Tem casas.
- ☐ Tem apartamentos.
- ☐ Tem semáforo de veículos.
- ☐ Tem semáforo de pedestres.

_____

NOME: _____ DATA: _____

Bairro

Os bairros são formados por ruas, avenidas, praças e construções.

Atividades

1 Escreva o nome do bairro onde você mora.

_____

2 Circule a seguir os elementos que você pode encontrar no bairro onde mora.

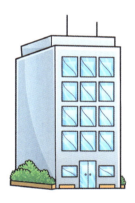   

  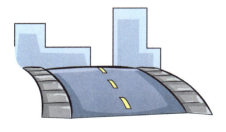

Geografia 229

3 Observe um bairro visto por meio da visão vertical. Localize a escola seguindo as pistas abaixo e circule-a.

Pistas

- Do lado **esquerdo** da escola há uma praça.
- Do lado **direito** da escola há um estacionamento.

NOME: _____ DATA: _____

Meios de transporte

Os meios de transporte podem ser terrestres, aquáticos e aéreos.

Atividades

1 Você utiliza algum meio de transporte para ir à escola?

☐ Sim.   ☐ Não.

2 Se utiliza, circule-o nas imagens a seguir. Caso o meio de transporte não esteja entre estes, desenhe-o em uma folha à parte.

Geografia 231

3) Pinte a seguir os meios de transporte que você já utilizou.

Terrestres

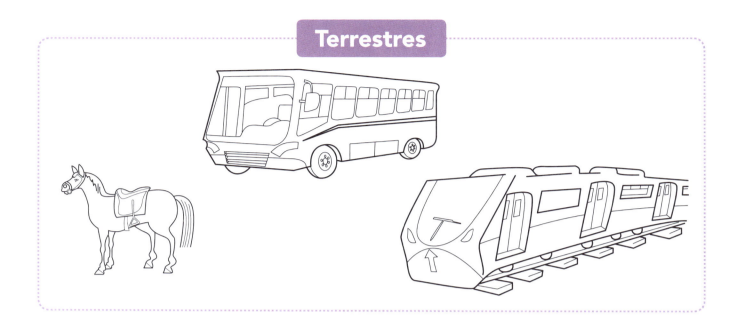

Aéreos

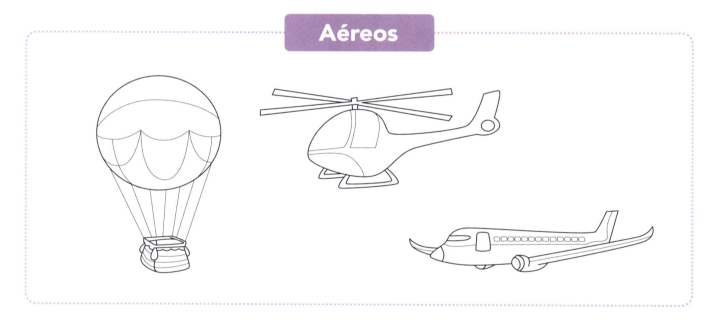

Aquáticos

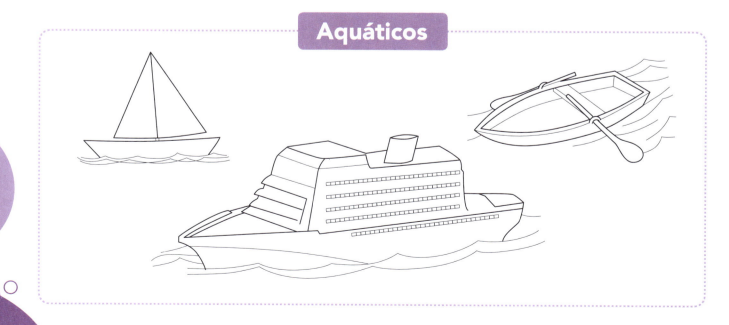

NOME: _____ DATA: _____

Meios de comunicação

Utilizamos diferentes meios para nos comunicar.

Atividade

1) Dos meios de comunicação a seguir, quais você já utilizou? Marque-os com um **X**.

Geografia 233

Existem outros meios de nos comunicarmos.

Atividades

1 Observe cada imagem e ligue-a à palavra que indica a linguagem que está sendo utilizada.

- Braile

- Libras

2 Vamos aprender o alfabeto em Libras? Use suas mãos para dizer seu nome ao colega do lado.

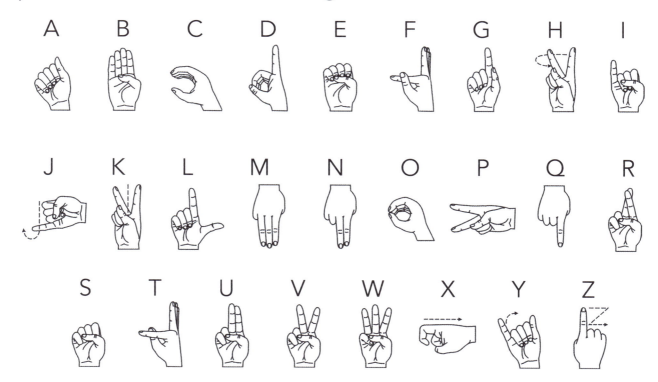

NOME: _____ DATA: _____

Trabalho

O trabalho de cada um é muito importante para a vida em sociedade. Todas as profissões são importantes e devem ser valorizadas.

Atividades

1 Responda às questões com a ajuda do professor.

a) Qual é a profissão de seus pais (ou responsáveis)?

_____

b) E você, já pensou na profissão que gostaria de ter quando for adulto? Qual seria?

_____

2 Observe as imagens e encontre no diagrama o nome destas profissões.

S	U	A	C	A	R	T	E	I	R	O	D
M	O	C	B	W	D	E	T	B	S	O	C
J	B	H	B	O	M	B	E	I	R	O	R
Q	L	M	P	U	R	L	V	D	X	Z	W
J	A	R	D	I	N	E	I	R	O	K	R

Geografia 235

2. Siga as linhas para levar os profissionais ao produto de seu trabalho. Use uma cor diferente para cada traçado.

NOME: _____ DATA: _____

Nosso planeta

Vivemos no planeta Terra.

Atividades

1 Encontre entre os planetas a seguir aquele onde vivemos. Depois, pinte-o de acordo com a legenda.

▪ água   ▪ terra

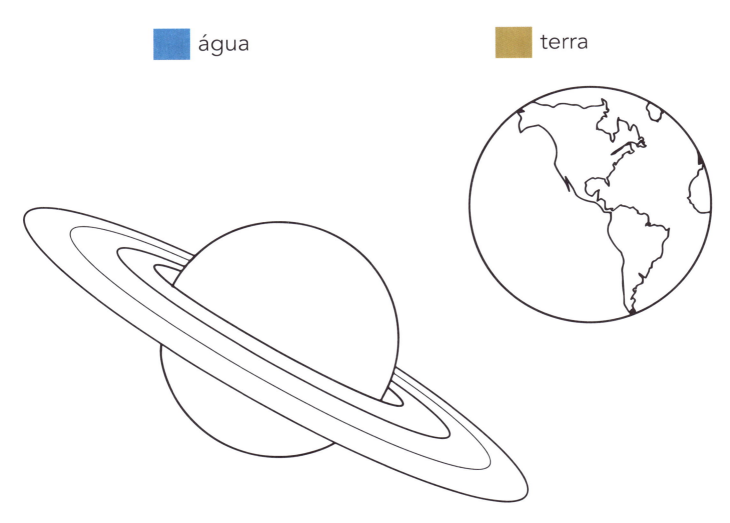

2 Marque com um **X** a resposta correta.

O nosso planeta tem mais...

a) ☐ água do que terra.

b) ☐ terra do que água.

A natureza

Plantas, animais, seres humanos, nuvens, pedras, água, ar, Sol... Tudo isso faz parte da natureza.

Atividade

1 Que bela paisagem! Pinte somente o que faz parte da natureza.

NOME: _____ DATA: _____

Seres vivos e elementos não vivos

Em nosso planeta existem seres vivos, como as plantas e os animais, que nascem, crescem, podem se reproduzir, envelhecem e morrem.
Existem também elementos não vivos, como a água, as pedras e os objetos criados pelos seres humanos.

Atividades

1 Observe as imagens e escreva o nome delas no quadro separando-as em seres vivos e elementos não vivos.

Seres vivos	Elementos não vivos

2 Jogo das sete diferenças. O artista fez um belo desenho representando apenas seres vivos. Seu irmão, ao reproduzi-lo, cometeu sete erros. Encontre-os e marque-os com um **X**.

NOME: _____ DATA: _____

Água

A água é importante para a sobrevivência dos seres vivos.

Atividades

1 Observe as imagens e escreva apenas o nome dos seres que precisam de água para viver.

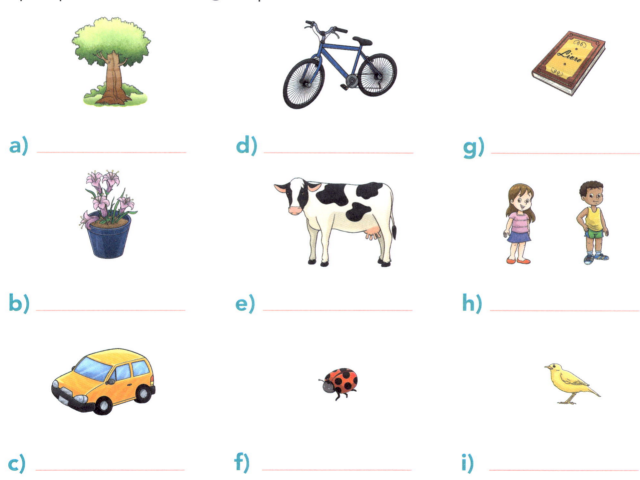

a) _____ d) _____ g) _____

b) _____ e) _____ h) _____

c) _____ f) _____ i) _____

2 Marque com um **X** as características que a água deve ter para ser consumida pelos seres humanos.

a) ☐ sem sabor   c) ☐ com gosto estranho

b) ☐ sem cheiro   d) ☐ sem cor

3 Ligue o copo de água às condições adequadas que a água deve ter para ser consumida.

a) A água deve vir de uma estação de tratamento.

b) A água que não é tratada deve ser fervida.

c) Devemos beber água de bicas e riachos.

4 Encontre no diagrama seis utilidades da água. Depois, escreva-as a seguir.

C	P	X	B	E	B	E	R	G	H	U
Ç	D	R	G	S	S	V	T	N	W	X
W	M	A	L	A	V	A	R	A	D	O
A	P	S	Z	Y	L	Ç	I	V	L	T
K	U	S	N	A	V	E	G	A	R	M
H	K	E	X	E	U	H	V	W	D	L
C	O	Z	I	N	H	A	R	A	X	F
A	Ç	O	B	C	I	R	D	N	H	T
T	O	M	A	R	B	A	N	H	O	A
B	C	I	R	D	R	G	S	S	V	W
R	E	G	A	R	S	Z	Y	L	Q	Ç

_____

_____

NOME: _____ DATA: _____

Ar

O ar também é muito importante para os seres vivos.

Atividades

1 Observe a cena e marque com um **X** o que a menina está fazendo para apagar as velinhas.

a) ☐ Soprando água.   b) ☐ Soprando ar.

2 Descubra de qual elemento da natureza o poema fala e escreva o nome dele no quadro.

[...]
Quando sou fraco, me chamo brisa
E se assobio, isso é comum.
Quando sou forte, me chamo vento
Quando sou cheiro, me chamo pum.
[...]

O ar (O vento). Vinicius de Moraes. In: *A arca de Noé: poemas infantis.* São Paulo: Cia. das Letras, Editora Schwarcz Ltda., 1991. p. 30.

3 Observe as imagens e pinte os seres que precisam de ar para viver.

4 Para funcionar, alguns objetos precisam de ar. Circule-os.

244 Ciências

NOME: _____ DATA: _____

As plantas

As plantas são seres vivos. Elas nascem, alimentam-se, crescem, podem se reproduzir e morrem.

Atividade

1 Numere na ordem correta as etapas da vida de um tomateiro. Depois, pinte as cenas.

☐ reproduz

☐ nasce

☐ morre

☐ cresce

Ciências 245

Partes das plantas

Muitas plantas têm cinco partes principais: raiz, caule, folha, flor e fruto.

Atividade

1 Observe a planta a seguir. Depois, escreva nos quadros o nome de cada parte apresentada.

NOME: _____ DATA: _____

Os animais

Os animais são seres vivos. Eles nascem, alimentam-se, crescem, podem se reproduzir e morrem.

Atividades

1 Complete as frases com o nome dos animais que aparecem no quadro.

> cavalo – cobra – gato – jacaré

a) O _____ e a _____ nascem do ovo.

b) O _____ e o _____ nascem da barriga da fêmea.

2 Escreva o nome do animal que fornece cada produto apresentado.

a)

b)

c)

_____   _____   _____

Ciências 247

3 Pinte de **verde** os animais que vivem em ambiente terrestre e, de **azul**, os que vivem em ambiente aquático.

Animais de estimação

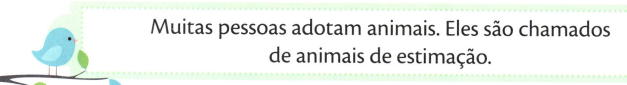

Muitas pessoas adotam animais. Eles são chamados de animais de estimação.

Atividades

1 Você tem algum animal de estimação? Qual?

2 Circule as cenas que mostram bons tratos e responsabilidade com o animal de estimação.

NOME: _____ DATA: _____

Nosso corpo

O corpo humano é dividido em três partes: cabeça, tronco e membros.

Atividades

1 Escreva corretamente o nome das partes do corpo humano.

CABEÇA   TRONCO   MEMBROS INFERIORES   MEMBROS SUPERIORES

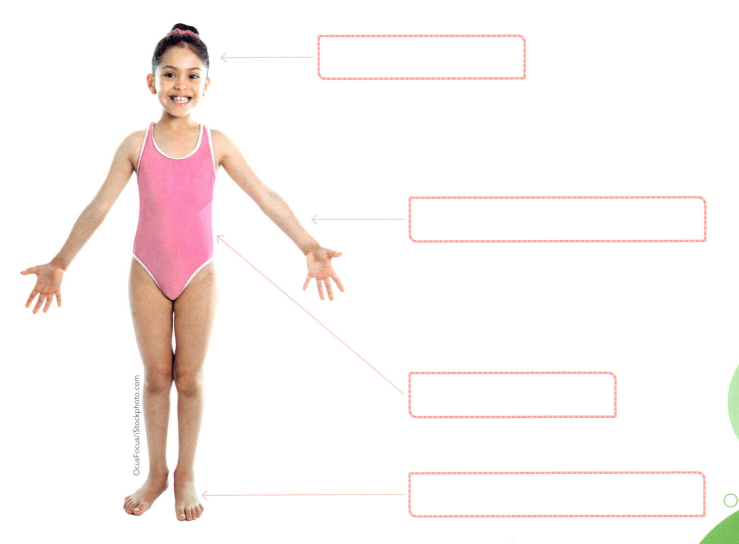

Ciências 249

2 Observe o contorno dos corpos a seguir. Pinte aqueles que correspondem ao corpo humano.

NOME: _____ DATA: _____

Higiene

Atividades

A higiene do nosso corpo é importante para termos boa saúde.

1 O que devemos fazer antes das refeições? Pinte a cena que mostra esse cuidado com o corpo.

2 O que devemos fazer logo após as refeições? Faça um desenho para representar sua resposta.

Ciências

3 Leve o menino para tomar banho. Siga pelo caminho dos objetos que ele utilizará.

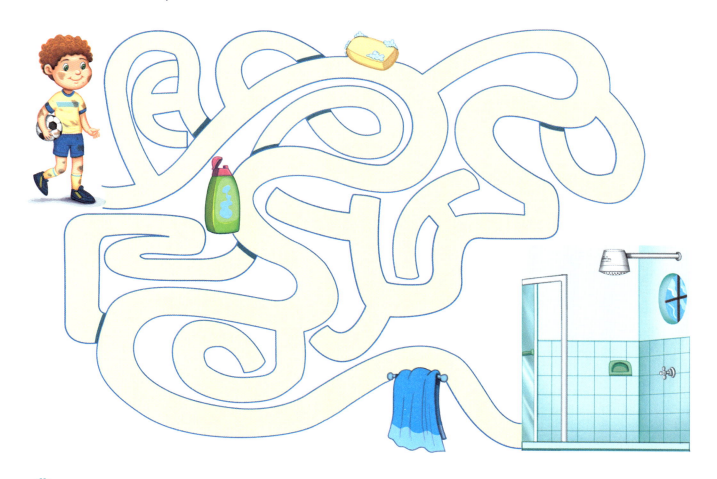

4 Pinte os objetos que você utiliza para fazer a higiene de seu corpo.

NOME: _____ DATA: _____

Alimentação saudável

Atividades

Para termos saúde é importante que nossa alimentação seja nutritiva e variada.

1) Escreva **V** para os alimentos de **origem vegetal** e **A** para os de **origem animal**.

a) ☐ (bananas)

b) ☐ (mel)

c) ☐ (linguiça)

d) ☐ (ovos)

e) ☐ (feijão)

f) ☐ (batatas)

g) ☐ (alface)

h) ☐ (frango)

i) ☐ (milho)

Ciências 253

2 Escreva o que os alimentos abaixo têm em comum.

3 Pesquise em jornais, revistas, encartes de supermercado ou na internet imagens de alimentos saudáveis. Recorte-as e cole-as a seguir.

NOME: _____ DATA: _____

Os sentidos

Os seres humanos conseguem perceber os estímulos do ambiente por meio dos órgãos dos sentidos. Os estímulos podem ser luminosidade, cores, gostos, cheiros, sons, temperatura e muitos outros.

Atividades

1 Ligue o órgão do sentido à descrição que corresponde a ele.

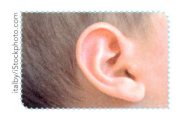

- percebe os diferentes gostos

- percebe os cheiros

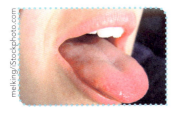

- percebe formas, cores e movimentos

- percebe as sensações de dor, temperatura, maciez

- percebe os sons

Ciências

2 Circule a flor **vermelha**.

a) Qual sentido você utilizou para realizar a tarefa anterior? Circule a resposta correta.

VISÃO TATO OLFATO

b) Agora, desenhe o órgão do sentido que você utilizou.